Einsatz für Afrika

Bernhard Grzimek

Einsatz für Afrika

Neue Erlebnisse mit Wildtieren

verlegt bei Kindler

© Copyright 1980 by Kindler Verlag GmbH, München
Alle Rechte vorbehalten, auch die des teilweisen Abdrucks,
des öffentlichen Vortrags und der Übertragung durch Rundfunk und Fernsehen.
Fotomechanische Wiedergabe nur mit Genehmigung des Verlages.
Redaktion: Ulrike Riemer
Korrekturen: Manfred Flach
Umschlaggestaltung: Ingrid Ullrich
Satzherstellung: IBV Lichtsatz KG, Berlin
Reproduktionen: Osiris, München
Druck und Bindearbeit: Mladinska knjiga, Ljubljana
Printed in Yugoslavia
8-2-10-8-4
ISBN 3-463-00786-X

Inhalt

Lassen Sie mich nicht allein kämpfen!

Die Geschichte der Menschen lehrt uns: Immer, wenn Völker aufgerüstet haben, kam es eines Tages zum Krieg. Nicht nur die Weltmächte, auch wir Deutschen geben inzwischen wieder bis zu einem Drittel unseres Staatshaushaltes für Rüstung aus.

1954 habe ich in meinem Buch »Kein Platz für wilde Tiere«, das damals viel Widerspruch erregte, geschrieben, die Weltbevölkerung würde im Jahr 2000 auf insgesamt 1750 Millionen Köpfe angewachsen sein. Nun, es ist viel schlimmer gekommen. Schon heute leben 4365 Millionen Menschen auf der Erde, für das Jahr 2000 rechnet man mit 6267 Millionen, für 2050 mit 10678 Millionen. Am schnellsten wächst die Bevölkerung Afrikas.

Von 1882 bis 1952 vergrößerten sich die Wüsten und wüstenähnlichen Gebiete der Erde um 140 v. H.; jetzt nehmen sie bereits mehr als ein Viertel der festen Erdoberfläche ein. Landwirtschaftlich nutzbares Brachland ist kaum noch vorhanden. Seit 1945 ist über die Hälfte des afrikanischen Regenwaldes abgeholzt worden, und jede Minute werden zwanzig Hektar Urwald endgültig vernichtet. Wenn es so weitergeht, gibt es den Amazonas-Regenwald in 27 Jahren nicht mehr. Auch die anderen Urwälder auf der Erde werden noch zu Lebzeiten der heutigen Menschen verschwinden, und immer mehr Tier- und Pflanzenarten werden für immer ausgerottet.

Bei uns in der Bundesrepublik würden wohl mehr als achtzig von hundert Jugendlichen noch nie größere Wildtiere gesehen haben, hätte man nicht für das, was verloren gegangen ist, in den letzten hundert Jahren einen, wenn auch kümmerlichen Ersatz geschaffen: die zoologischen Gärten.

Die Menschen in ihrer Gesamtheit können nicht vernünftig und arterhaltend denken und handeln. Das ist immer so gewesen und wird sich wohl niemals ändern lassen. Obwohl die Folgen bekannt sind, werden die Flüsse und Ozeane vergiftet. Wale und riesige Fischschwärme werden in geschäftlichem Wettbewerb ausgerottet, wenngleich davon

Hunderte Millionen von Menschen auf Dauer hätten leben können. Der Nahrungsanteil je Kopf der Bevölkerung wird von Jahr zu Jahr geringer.

Ich möchte nur eins erreichen. Wenn schon die Menschen immer dichter zusammengedrängt in Betonschluchten und Betonlandschaften hausen müssen, dann soll es neben ihnen außer in engen Käfigen eingesperrten, zeit ihres Lebens halb gefesselten Hühnern, Kälbern und Mastschweinen noch andere Tiere auf unserer Erde geben. Deshalb sollen die Elefanten, Giraffen, Löwen und Gorillas, die Zebraherden in Afrika, dem wildnisreichsten Erdteil, geschützt werden.

Seit Jahrzehnten habe ich darum gekämpft, daß in Afrika – und anderswo – rechtzeitig geräumige von Wildtieren bevölkerte Gebiete zu Nationalparks erklärt und damit vor einer Besiedlung durch den Menschen bewahrt werden. Nur dort können große und nicht ganz harmlose Wildtiere auf Dauer überleben. Die schwarzafrikanischen Staaten sind heute auf dem Gebiet des Naturschutzes in der ganzen Welt führend. Aber sie sind arm. Ich habe durch meine Fernsehsendungen, Bücher und Zeitschriften auf diese, damals als wild und gefährlich geltenden Länder aufmerksam gemacht. Heute ist der Tourismus in einigen dieser Staaten die stärkste Einnahmequelle; indem die Wildtiere die Besucher anlocken, helfen sie also somit auch den Menschen dieser Länder. Die Bücher der »Zoologischen Gesellschaft von 1858«, deren Präsident ich bin, lassen wir jedes Jahr von einer staatlich anerkannten Buchprüfungsgesellschaft untersuchen. Immer wieder bekommen wir bestätigt, daß 99,2 v. H. der auf das Konto »Hilfe für die bedrohte Tierwelt« eingegangenen Spenden auch wirklich dem gedachten Zweck zugeführt, also nicht für Verwaltung, Reisen, Konferenzen usw. ausgegeben wurden.

Weil aber diese Länder – ob in Afrika, Asien und anderswo – arm sind, weil sie die letzten Herrlichkeiten dieses Erdballs nicht nur für sich, sondern für uns alle und unsere Nachkommen – oft unter großen Opfern – erhalten, darf ich Sie bitten: Helfen Sie mit!

Hilfe für die bedrohte Tierwelt (Postscheck Frankfurt/M. 47-601) oder Stadtsparkasse Frankfurt/M. (Kontonummer 80002)

Bei den Berggorillas

Plötzlich rast der schwarze Gorillamann schreiend auf mich zu! Er kommt näher und näher – bis auf anderthalb Meter. Dann weicht er kurz vor mir zur Seite, macht einen Bogen, läuft etwa zehn Meter seitlich zurück, setzt sich hin und wendet sich ab.

Mein Herz klopft fast hörbar, ich muß nach Luft schnappen. Aber ich habe mich nicht von der Stelle gerührt! Seit zwanzig Jahren habe ich mir immer wieder überlegt, ob ich es fertigbringen würde, dem Angriff solch eines wütenden, fünf Zentner schweren Muskelprotzes mit zweieinhalb Metern Armspannweite standzuhalten und nicht im letzten Augenblick davonzulaufen. Weglaufen ist zwar das dümmste, was man tun kann, denn dann packt der Riese bestimmt von hinten zu und beißt in die Schulter, das Gesäß oder die Beine. Aber man weiß ja nie, ob man im entscheidenden Augenblick nicht doch die Nerven verliert. Immerhin hat der Gorilla Kasimir, der unversehens auf mich losging, 1966 den Bruder des Pygmäen-Häuptlings Muschebere getötet. Und zwar fast genau an der gleichen Stelle, an der wir jetzt stehen. Der mächtige Gorilla ließ es damals nicht zu, daß man die Leiche des Pygmäen wegholte; er blieb mit seiner ganzen achtzehnköpfigen Familie bei dem Toten. Adrien Deschryver mußte mit starkem Tränengas arbeiten, um die gewaltigen Herrentiere zu vertreiben. Ein ähnlicher Fall ereignete sich vor zwei Jahren in der Nähe der Forschungsstelle von Dian Fossey, als ein Berggorilla einem vorwitzigen Besucher das ganze Gesicht und die Schulter zerfleischte.

Meine Begegnung mit Kasimir ereignete sich in Zaire, dem früheren Kongo. Ich war mit Christian, dem fünfzehnjährigen, jüngeren Sohn meines verstorbenen Sohnes Michael, dorthin geflogen, um die Berggorillas in dem neuen Nationalpark Kahuzi-Biega zu beobachten. Mein Kameramann Götz Dieter Plage war schon gemeinsam mit der hübschen kalifornischen Assistentin Lee Lyon, seit Monaten dabei, sie zu filmen.

Bereits bei der Vorbereitung meiner Reise nach Zaire hatte sich etwas Unangenehmes ereignet. Mir war nicht klar, daß General Sese Seko Mobutu, seit 1965 Präsident des Landes, nicht allein dem Staate Kongo den neuen Namen »Zaire« gegeben hatte, sondern ebenso dem Fluß Kongo. In einem Brief an Mobutus klugen Regierungschef Bizengimana hatte ich arglos den alten Namen des Flusses erwähnt. Kurze Zeit darauf erfuhr ich von einem seiner Mitarbeiter, Herr Bizengimana hätte gesagt: »Wenn der Brief nicht von Professor Grzimek gewesen wäre, hätte ich ihn unbeantwortet zurückgeschickt, so wie ich das neulich mit dem Schreiben eines Professors aus Brüssel getan habe!«

Noch kurz vor meinem Abflug nach Afrika wurde ich fernmündlich gebeten, schnell nach London zu kommen. Ich sollte Präsident Mobutu, der sich dort gerade zu einem Staatsbesuch aufhielt, zusammen mit Prinz Philip im Buckingham-Palast Filmaufnahmen vorführen, die Götz Dieter Plage inzwischen von den Berggorillas in Zaire gemacht hatte. Da Präsident Mobutu nicht Englisch spricht, war ich – neben ihm sitzend – bemüht, den Text des Films ins Französische zu übertragen und ihm zu erklären, was wir vorhatten.

Der Präsident ist ja ein überzeugter Naturschützer. Auf einem Parteitag hat er erklärt, daß die Natur ein besonderer Teil der Seele des afrikanischen Menschen sei und daß Zaire die westlichen Industrienationen auf diesem Gebiet beschämen wolle. Mobutu hat bereits die Nationalparkfläche seines Landes, auf der jede menschliche Tätigkeit genehmigungspflichtig ist, von eins auf 3,5 v. H. erhöht, die Zahl der Parks selbst von drei auf sieben.

Ich mußte ihn allerdings verbessern, als er meinte, sein Land hätte mit dem neugeschaffenen Salonga-Nationalpark, der in den nächsten fünfzig Jahren nicht von Besuchern betreten werden soll und rund 30 000 km² groß ist, den größten Nationalpark der Welt. Nach wie vor ist dies der Wood-Buffalo-Nationalpark in Kanada. Ebenso mußte ich richtigstellen, daß Zaire nicht das Land mit dem verhältnismäßig größten Nationalparkgebiet ist. In dieser Beziehung ist noch immer Sambia unter Präsident Dr. Kaunda führend; dort machten die Nationalparks fünfzehn v. H. der Gesamtfläche des Landes aus. Mobutu erwiderte mir: »Das wird sich in den nächsten Jahren ändern!«

Bei der weiteren Unterhaltung unterlief es mir, daß ich statt von »Zaire« vom »Kongo« sprach. Und das ausgerechnet gegenüber dem Präsidenten des Landes! Ich war wirklich erschrocken, entschuldigte mich, aber Präsident Mobutu lächelte nur. Als ich dann von alten Zeiten redete, meinte er: »Jetzt müssen Sie vom Kongo sprechen, denn damals war es eben der Belgische Kongo!«

Früher flog man mit der Sabena unmittelbar von Brüssel nach Stanleyville, dem heutigen Kisangani, und war mitten im östlichen Kongo, wo die Nationalparks liegen. Heute hat Kisangani keinen internationalen Flughafen mehr. Der Umweg über die ferne Hauptstadt Kinshasa (früher Leopoldville) in der Nähe der Westküste ist geradezu un-

10

geheuerlich. Deswegen flogen wir mit der Sabena von Brüssel bis nach Kigali, der Hauptstadt des benachbarten kleinen Landes Rwanda. Von dort gelangt man mit acht-sitzigen Flugzeugen in einer knappen Stunde bis dicht an das Gebiet von Zaire und von dort mit einem Taxi über die Grenze nach Bukavu, der Hauptstadt der Kiwu-Provinz. Das ist alles ein bißchen umständlich, wenn auch recht interessant. Weder Linien- noch Kleinflugzeuge dürfen von Kigali aus den Flughafen von Bukavu in Zaire anfliegen. Das bringen nun einmal der neue afrikanische Nationalismus und die Aufspaltung in viele Einzelstaaten mit sich. Niemand lernt aus der Geschichte oder aus den Erfahrungen an-derer. Afrika muß offensichtlich alle Fehler der europäischen Kleinstaaterei der letzten Jahrhunderte nachholen – mit Zollgrenzen, Kriegen und provinziellem Nationalstolz.

Von Bukavu machten wir uns zu den Gorillas auf. Ich habe seit gut zwanzig Jahren engen Umgang mit dieser Menschenaffenart. Einige sind in meiner Familie aufgewachs-sen und haben als Affenkinder im selben Raum geschlafen wie ich. Eine Gorillafrau be-grüßt mich noch heute, obwohl sie seit über achtzehn Jahren ausschließlich unter ihres-gleichen lebt und inzwischen sechs Kinder geboren hat. Wenn wir uns an einer Ecke der Freianlage die Hand geben, müssen wir aufpassen, daß der Rudelführer nicht hin-sieht, sonst fährt er leicht dazwischen. Die ersten deutschen Gorillas wurden bei mir im Frankfurter Zoo geboren, ebenso die ersten Gorillazwillinge (es waren sogar die ersten der Welt, die im Zoo gezüchtet wurden). Überhaupt hat der Frankfurter Tiergarten zum erstenmal alle vier Menschenaffenarten zur Fortpflanzung gebracht – bis 1980 56 Nachkommen (19 Schimpansen, 4 Bonobos, 11 Gorillas, 22 Orang-Utans). Und trotz-dem hat es Jahrzehnte gedauert, bis ich den ersten freilebenden Gorilla sah, denn die Tiere leben nur im dichten Wald und kommen nicht in offenes Gelände. Außerdem sind sie recht scheu und galten lange Zeit als schreckliche, böse Menschentöter.

Selbst Leute, die schon wiederholt große Teile Afrikas bereist haben, glauben es ei-nem daher nicht, wie leicht es heute sein kann, einem Gorilla zu begegnen. Man wohnt im hochmodernen Residence-Hotel in Bukavu im krokodil-, flußpferd- und moskito-freien Kiwu-See, der 1460 Meter über dem Meeresspiegel liegt, von Gebirgswald um-geben und fünfmal so groß wie der Bodensee ist. Das ganze Jahr über herrscht gemäßig-tes Sommerwetter. Vor dem Hotel steigt man in das Auto und fährt auf guter, völlig autoleerer Teerstraße in einer Stunde bis in den etwa fünfhundert Meter höher gelege-nen neuen Nationalpark Kahuzi-Biega. Dort kann man, wenn man großes Glück hat, schon nach zwanzig Minuten freilebende Gorillas beobachten. Manchmal muß man al-lerdings auch ein paar Stunden zu Fuß laufen. Aber es sind Spaziergänge in herrlicher, waldiger Gebirgslandschaft. Über tausend Menschen haben hier in den letzten zwei, drei Jahren in kleinen Gruppen den Berggorillas einen Besuch abgestattet. Wer hätte das vor zwanzig Jahren, als mein verstorbener Sohn Michael und ich die ersten Male im Kongo herumreisten, für möglich gehalten!

Wir marschieren im Gänsemarsch. Voran Adrien Deschryver, inzwischen ein Mann von fünfunddreißig Jahren, dann ich, Christian, Götz Dieter Plage, Lee Lyon – und hinterher Häuptling Muschebere mit sechs Pygmäen, die unsere Kameras, Regenmäntel und Eßvorräte tragen. Es wird kaum gesprochen, nur geflüstert. Meistens deutet Adrien lediglich mit der Hand an, was er sagen oder zeigen will. Wir gehen durch eine große Pflanzung, die an den Wald grenzt. Erst vor fünf Monaten sind hier Riesenflächen von Bohnen abgeerntet worden. Unglaublich, was in der Zwischenzeit an Schlingpflanzen, Büschen, Gestrüpp emporgeschossen ist! Man erkennt gar nicht, daß Felder darunter waren, und man kann sich kaum hindurchkämpfen. Aber die Aussichten, die Gorillas zu sehen und zu filmen, sind in dieser Gegend sehr viel besser als im Hochwald. Sie finden hier die richtige Nahrung, das frischeste Grün. Mitten im Gelände stehen Bäume, Baumgruppen und dichtes Gebüsch. Muschebere zeigt auf einen Busch, der merkwürdig wackelt. Wind kann es nicht sein, also ein Gorilla!

Es dauert eine gute halbe Stunde, bis wir dort ankommen. Die Pygmäen müssen uns den Weg freischlagen. Wir kriechen von Zeit zu Zeit auf allen vieren – über aufgehäufte Zweige, durch die man gelegentlich bis ans Knie nach unten sackt. Die Beine sind bald voller Pflanzensamen mit Widerhaken. Trotzdem ist es nicht besonders anstrengend.

Endlich sind wir in der Nähe des Gebüsches, in dem sich etwas bewegt hat. Wir hören grunzende Laute. Die Gorillas, die uns sicher schon längst wahrgenommen haben, bemühen sich keineswegs, von uns unbemerkt zu bleiben. Immer wieder wackelt es im Gebüsch. Wir stehen und warten. Eine halbe Stunde, anderthalb Stunden. Dann meint Deschryver, auf unserer Seite würden die schwarzen Kerle vermutlich nicht herauskommen, sondern ähnlich wie in den letzten Tagen genau auf der Gegenseite. Also machen wir einen Umweg, stolpern leise zurück, umgehen einen Bach, klettern wieder hinauf und sind nach dreiviertel Stunden auf der anderen Seite des Gebüsches, wo wir wieder warten. Auf einmal stößt mich ein Pygmäe an.

Ein schwarzes Affengesicht mit kleinen, scharfen Augen blickt mich aus dem Gestrüpp an. Etwa zehn Minuten später teilen sich die Zweige, und einer der jüngeren Männer aus Kasimirs Gorillafamilie kommt heraus, steht auf allen vieren, sieht uns an. Dann wendet er sich ab, geht ein paar Schritte weiter, setzt sich vor das Gebüsch und beginnt Blätter und Zweige zu essen. Große gefächerte Blätter faßt er mit der Hand zusammen und beißt nur die Spitzen ab. Gegen das hohe Gras und Gestrüpp gelehnt, sitzt er so bequem wie in einem Schaukelstuhl und kann sich in aller Ruhe das beste Grün heraussuchen.

Nach einer Weile geht er weiter, und nacheinander kommen die anderen Familienmitglieder zum Vorschein. Kasimirs Gruppe besteht aus achtzehn Köpfen: drei großen Männern, etwa sieben Weibern und einer Anzahl Kindern verschiedenen Alters. In der Nähe lebt eine zweite Gorillagruppe, die zufällig auch achtzehn Mitglieder zählt.

Ich bin versucht, um grünes Gebüsch herumzugehen, das meine Sicht behindert. Auch möchte ich etwas näher heran, um besser filmen zu können: der Himmel ist bewölkt, die Gorillas sind ohnehin schwarz, und so besteht die Gefahr, daß man unterbelichtet. Aber Adrien Deschryver deutet mir, mich nicht zu rühren. Die Tiere dürfen nicht den Eindruck bekommen, daß man sie besonders beachtet. Im Gegenteil: Als einer der Gorillamänner längere Zeit zu uns herübersieht, reißt Deschryver Blätter und Äste ab und tut so, als ob er sie zerkaue. Gorillas sind nicht futterneidisch. Warum sollten wir – fremde, aber im Grunde doch sehr ähnliche Menschenaffen – hier nicht das gleiche tun wie sie? Wir werden von ihnen zwar betrachtet, aber mit mäßiger Anteilnahme, denn schließlich laufen hier ja seit vielen Monaten solch dünnere Affen wie wir herum.

Kasimir, der Führer der Gruppe, ist ziemlich selbstbewußt. Er setzt sich längere Zeit recht offen hin und starrt mich zeitweise an. Man muß dann selber schnell beiseite sehen, sonst wird das scharfe Anblicken als Herausforderung gewertet – ein Brauch, den es ähnlich bei den Menschen gibt und der früher besonders bei Studenten üblich war. Mein Bemühen, ihn zu fotografieren, muß von Kasimir wohl als solch eine Drohung angesehen worden sein.

Nach einer halben Stunde ist die ganze Gruppe vorbeigezogen, auch die Kinder, von denen einige neugierig bis auf vier Meter an uns herankommen. Wir folgen ihnen nicht. Es ist Deschryvers erprobter Grundsatz, sich den Gorillas niemals zu nähern, sondern zu warten, bis sie von selbst kommen. Kasimir will uns zwar noch einmal beeindrucken und seinen Platz in der Gegend behaupten, aber er und die Seinen wollen letztlich in Frieden mit uns Menschen leben.

Kasimir, dieser riesige Silberrückenmann, hat Deschryver bei früheren Drohangriffen zwar schon mehrfach berührt, ihm aber ernstlich nichts getan. Eines Tages raste ein anderer Gorillamann aus der Familie kurz nach einem Angriff Kasimirs ebenfalls auf Deschryver zu. Da es bergab ging, kam er ins Rutschen und hielt sich an Bambusstäben fest. Diese brachen jedoch, und so sauste der Gorilla gegen Deschryvers Bein. Adrien fiel um und der Affe rannte weg. Er hatte wohl eine Art Schuldbewußtsein, jedenfalls vermied er es eine volle Woche lang peinlich, sich Adrien Deschryver zu nähern. Diese Geschichte ereignete sich etwa ein halbes Jahr vor unserer Ankunft.

Ich koste die Blätter und Zweige, an denen die Gorillas soeben gegessen haben. Fast alles ißt sich angenehm, manchmal mit leicht säuerlichem, überwiegend jedoch gutem Geschmack, oft ähnlich wie Kresse. Die Gorillas sind reine Pflanzenesser – ganz im Gegensatz zu vielen anderen Affen wie etwa den Pavianen und denjenigen Schimpansengruppen, die mehr in offenem Gelände leben. Diese nächsten Verwandten des Menschen bringen ja, wie das auch bei den Frühmenschen üblich war, gelegentlich Tiere um und verzehren sie.

Gorillas aber tun anderen Wesen grundlos nichts zuleide. Nicht einmal Eiergelege berühren sie, wenn sie an ihnen vorbeigehen. Wahrscheinlich sähe die Menschheitsgeschichte sehr viel anders und friedlicher aus, wenn unsere Vorfahren aus der Verwandtschaft der Gorillas gekommen wären und nicht aus jenem Stamm der Menschenaffen, aus dem sich auch die Schimpansen entwickelt haben…

In den nächsten Tagen treffen wir immer wieder Gorillas. Von 12 bis 14 Uhr ruhen wir aus und essen unsere mitgebrachten Speisen, denn um diese Zeit hat es keinen Sinn, sich nach Gorillas umzusehen, meint Deschryver. Sie pflegen etwa zwei Stunden in irgendeinem Gebüsch zu schlafen, und zwar fast immer um dieselbe Zeit.

Für eine solche Mittagsrast suchen wir eines Tages eine kleine Baumgruppe aus, weil dort kein Untergestrüpp ist und man sich bequem setzen oder hinlegen kann. Diesmal kommen Gorillas, besonders Kinder und Junge, dicht in unsere Nähe, um uns aus dem Gebüsch heraus zu beobachten. Die Kleinen spielen sogar etwas abseits auf unseren Trägetaschen herum. Das ist nicht immer so gewesen. Daß die Tiere sich heute so verhalten, ist das Verdienst Adrien Deschryvers.

In Belgien geboren, kam er 1949 als Zehnjähriger mit seinen Eltern in den damals Belgischen Kongo und wuchs auf der Pflanzung der Familie auf. 1951 fuhr er das erste Mal nach Europa, dann noch einmal im Jahre 1967. Die Eltern kehrten 1961, als das Land unabhängig wurde, endgültig nach Europa zurück und kamen nur 1963 noch einmal zu einem kurzen Besuch.

Fünf Jahre lang war Adrien Deschryver ein begeisterter Jäger. Auch heute noch schießt er aus achtzig Metern Entfernung eine Blume vom Stiel und trifft winzige, runde Verschlüsse von Bierflaschen genau in die Mitte. Er ist als Scharfschütze bekannt, und das hat ihm das Leben gerettet. Während alle belgischen Beamten und viele der Farmer während der Bürgerkriege von 1960 bis 1967 aus dem Lande flohen, baute er auf seiner Farm einen hölzernen Turm, auf dem er sein Maschinengewehr aufstellte. Dort schlief er, wenn Gerüchte über neue Unruhen aufkamen. Zeitweise hat er sechs Monate lang jede Nacht auf dem Turm verbracht. Man mußte damals überhaupt stets ein Gewehr zur Hand haben, im Bett, auf der Toilette, im Auto. Adrien Deschryver war der einzige Europäer in der Gegend; die nächsten Weißen, etwa zweihundert, lebten hundert Kilometer weiter in der Provinzhauptstadt Bukavu.

In dieser Stadt wäre er 1964 beinahe getötet worden – genau vor dem Residence-Hotel, in dem ich nun wohne: Drei Mulele, also Aufständische, hielten ihn auf der Straße an, rissen ihn aus dem Wagen, warfen ihn auf die Erde. Einer von ihnen legte das Gewehr an, um ihn zu erschießen. Deschryver aber, der damals stets eine Pistole unter dem Hemd trug, zog sie heraus und schoß schneller. So blieb er am Leben. Zwei Mulele starben, der dritte kam mit einem Schuß in den Arm davon.

1961, während der Unruhen, heiratete Deschryver eine schwarzafrikanische Frau.

Wegen des Krieges mußte er falsche Papiere benutzen. 1965 konnte er sich kirchlich trauen lassen, und um endlich auch gesetzlich richtig verheiratet zu sein, ließ er sich 1966 scheiden und schloß nochmals amtlich die Ehe. Die beiden haben inzwischen fünf Kinder.

Adrien Deschryvers erste Erfahrungen mit Gorillas liegen, wie meine eigenen, bald zwanzig Jahre zurück. 1957 tötete ein Gorillamann in seiner Gegend zwei Leute und verletzte am gleichen Tag zwei andere so schwer, daß sie über einen Monat im Krankenhaus lagen. Deschryver jagte das Tier zehn Tage lang zurück in den Park. Bei jedem neuen Angriff schoß er vor ihm in die Erde und schüchterte ihn mit »Kanonenschlägen« ein.

Ein anderer Gorillamann, bis dahin als ausgesprochen friedlich bekannt, packte vor zwölf Jahren plötzlich eine alte Frau, die auf dem Felde arbeitete, zerrte sie etwa zehn Meter weit in den nächsten Busch und hielt sie dort fest. Er zerriß ihr die Kleider, sie schrie, der Gorillamann auch. Die Leute warfen Holzstücke und Steine ins Gebüsch, bis der Gorilla schließlich wegrannte. Die Kleider der Frau waren zerrissen, sie war zerschrammt, völlig außer sich. Der Gorilla hatte aber nicht versucht, sich an ihr irgendwie geschlechtlich zu betätigen.

Er hatte wohl nur als Einzelgänger Gesellschaft haben wollen. Deschryver sah das alles mit an, weil er in der Gegend jagte. Zu dieser Zeit tötete Muschebere, der Führer der Pygmäen, zusammen mit seinem Bruder den Vater des Gorillas Kasimir. »Er hat gut geschmeckt!« versichert Muschebere noch heute grinsend. Die furchtbare Rache Kasimirs, der später den Bruder tötete, scheint der Häuptling vergessen zu haben.

Adrien Deschryver hatte wie viele wirkliche Jäger nach einigen Jahren keine Freude mehr am Totschießen von Tieren, und schon gar nicht von Gorillas. 1965 begann er, sich mit den schwarzen Menschenaffen anzufreunden und gründete ein Jahr später das Schutzgebiet Kahuzi-Biega, ohne Bezahlung. Er kaufte sogar aus eigener Tasche ein Kleinflugzeug zur Überwachung. Seit dem Bürgerkrieg sind noch viele Schußwaffen im Besitz der Bevölkerung, und aus diesem Grund ist es nicht so einfach, die Wilddieberei zu bekämpfen. Als Deschryver das ungesetzliche Abschießen von Elefanten um des Elfenbeins willen abstellen wollte, erschossen Wilddiebe 1969 seinen Bruder, der neben ihm im Auto saß – aus dem Wald heraus, auf derselben Asphaltstraße übrigens, die wir heraufgekommen sind. Der Bruder war das erste Mal aus Europa zu Besuch gekommen und hatte zwei Tage später wieder zurückfliegen wollen. Ein anderes Mal versuchten Wilddiebe, mit einem Lastwagen das Auto Deschryvers von der Straße in den Abgrund zu drängen. Aber sie hatten nicht mit seiner Schießkunst gerechnet...

1970 wurde Kahuzi-Biega amtlich zum Nationalpark erklärt, also für alle Zeiten vor jeder menschlichen Benutzung geschützt – sei es nun Ackerbau, Viehzucht, Forstwirtschaft oder nur das bloße Bauen von Hütten und Häusern. Kahuzi-Biega ist ein gewaltiges Gebirge, aus dem die Gipfel des etwa 3500 Meter hohen Kahuzi und des Biega hervorragen. In dem Nationalpark leben 200 bis 250 Gorillas, Berggorillas. Ihre Haare sind etwas kürzer als bei den Gorillas in den Hochgebirgen und an den Vulkanhängen des nahegelegenen Virunga-(Albert-)Nationalparks.

Wie man vom Flugzeug aus gut beobachten kann, ist der Kahuzi-Biega-Park gegen die andrängende Landwirtschaft deutlich abgegrenzt: Adrien Deschryver hat eine Reihe von australischen Eukalyptusbäumen gepflanzt. Eines Tages bemerkte er, daß an einzelnen Stellen Rauch aus dem Urwald kam, daß dort also Holzkohle hergestellt wurde. Er bewarf diese Stellen aus der Luft einfach mit lauten, aber unschädlichen

Bildunterschriften zu den Bildseiten 17–24

Seite 17
»Kasimir«, dieser mächtige Gorillamann mit dem silbergrauen Rücken, hat bereits einen Menschen getötet. Jetzt aber ist er friedlich, denn seit Jahren werden die Tiere nicht mehr bejagt. Deswegen brauche ich vor ihm auch keine Angst zu haben.

Seite 18
In der Heimat dieser Berggorillas, dem Virunga-Gebirge, liegen acht Gipfel, die über 3000 Meter hoch sind. Zwei sind noch tätige Vulkane, wie hier der Nyiragongo.

Seite 19
Das ist Muschebere. Sein Bruder wurde 1966 von dem Gorillamann »Kasimir« getötet. Adrien Deschryver hat inzwischen die Pygmäen, einst erbitterte Gorillajäger, zu ihren Beschützern, zu Wildhütern gemacht.

Seite 20/21
Gespannt sehen uns die Urwaldriesen an. Im nächsten Augenblick werden sie entweder schreiend auf uns losrasen oder einfach im Gebüsch verschwunden sein.

Seite 22
Wenn ein großer Gorilla einen so starr ansieht, muß man selbst den Blick schnell zur Seite wenden.

Seite 23 oben
Die Gorillas leben vor allem am Boden. Nur selten klettern sie auf Bäume. Überwiegend sind es Jungtiere und leichtere Weibchen, die im Baumwipfel Schlafnester bauen, und zwar für jede Nacht ein neues. Die schwereren Tiere schlafen auf dem Boden.

Seite 23 unten
Diese Teerstraße ist nicht fertig geworden, sie endet blind und wird daher so gut wie gar nicht befahren. Sie führt von der Großstadt Bukavu unmittelbar in das Gebiet der Berggorillas im Kahuzi-Biega-Nationalpark. Der Gorillamann auf dem Bild stört sich nicht an meinem Auto.

Seite 24
In dieser Gegend, in der auch die Gorillas leben, werden gern die langhörnigen Watussi-Rinder gehalten. Sie sehen zwar gefährlich aus, sind aber ebenso friedlich wie andere Hauskühe.

16

»Bombenschlägen«. Zehn solcher »Bomben« verbrauchte er, aber nach vierzehn Tagen waren alle Holzkohlenbrenner aus dem Wald verschwunden.

Inzwischen ist der Nationalpark Kahuzi-Biega auf die zehnfache Fläche vergrößert worden, von 600 auf 6000 km². Der neue Park beherbergt neben Gorillas Kongopfauen, Goldkatzen, Unmengen von Schimpansen, Bongoantilopen und Waldelefanten, außerdem Eulenkopf- oder Hamlynmeerkatzen (Cercopithecus hamlyni) mit senkrechtem, weißem Streifen auf dem Nasenrücken.

1970, als der Nationalpark geschaffen wurde, gelang es Adrien Deschryver zum ersten Mal, einen Gorilla in Freiheit zu fotografieren. Damals einigte er sich mit den Pygmäen. Sie lebten seit Urzeiten im Walde und waren gewöhnt, auch die Gorillas zu jagen. Sie benutzten dazu Netze und nichtbellende Hunde, die am Hals Holzglocken trugen. Die jungen Gorillas flüchteten sich meist auf die Bäume und konnten dann mit Pfeil und Bogen erschossen werden. Deschryver vereinbarte nun mit diesen wenigen Pygmäen, die hier ihre Heimat hatten, daß sie weiterhin Kleintiere bejagen konnten, niemals mehr aber Gorillas. Trotzdem wurden 1972 noch vier Gorillas von den Pygmäen umgebracht; zwei Wilderer wurden von Wildhütern erschossen.

Einer der klügsten Schachzüge Deschryvers war es zweifellos, gerade die Pygmäen, also die erfahrensten Jäger und Wilddiebe, als Wildhüter und Fremdenführer anzustellen. So verdienen sie selbst an dem neuen Nationalpark und sind interessiert, die Gorillas zu erhalten, und zwar so zahm wie möglich.

Die Pygmäen in Kahuzi-Biega sind größer als die im Ituri-Urwald von Zaire und außerdem kohlrabenschwarz, also nicht von gelblich-bräunlicher Hautfarbe wie die eigentlichen, echten Pygmäen. Wahrscheinlich haben sie sich stark mit anderen afrikanischen Rassen vermischt. Die Pygmäen dieses Gebietes sind ein hartgesottener Menschenschlag. Als Deschryver einmal einen Elefanten geschossen hatte, aß ein uralter Pygmäe unglaubliche Mengen von rohem Fleisch – er starb im Kot des Elefanten.

Als Deschryver von den anderen verlangte, sie sollten die Leiche ins Dorf bringen, meinten sie: »Wir haben aber doch Elefantenfleisch zu tragen!« Sie schaufelten gleich neben der Leiche ein ziemlich flaches Grab. Ein anderes Mal hatte Deschryver einen Elefanten in den Sümpfen geschossen, die in fünfzehn Kilometer Entfernung vom Pygmäendorf liegen. Als er dort hinkam, war das ganze Dorf voll Elefantenfleisch, das fürchterlich stank. Die Pygmäen, die das Elfenbein holen sollten, hatten das Fleisch gleich mit auf den Lastwagen geladen. Dieses Elefantenfleisch aber war im Sumpfwasser gequollen und schon ganz weiß. Als Deschryver sich darüber aufregte, daß sie so etwas äßen, meinten sie: »Wir essen doch das Fleisch, nicht den Gestank!«

Ein Mönch, ein »Weißer Vater«, fragte einen Pygmäen, der im Sterben lag, ob er noch etwas für ihn tun könnte. Der Mann antwortete mit brechenden Augen: »Ja, gib mir eine Zigarette.« Andere gruben indessen neben dem sterbenden Mann, den sie aus der Hütte getragen hatten, unbekümmert das Grab. Dennoch halte ich diese Menschen nicht allgemein für grausam und hartherzig. Zumindest mit den eigentlichen Pygmäen im Ituri-Urwald, mit denen ich mehrmals längere Zeit zusammen gelebt habe, habe ich gegenteilige Erfahrungen gemacht. Auch andere haben wiederholt von ihrem Mitleid, ihrer Hilfsbereitschaft untereinander und ihrem engen Zusammenhalt berichtet. Auf jeden Fall haben sie Sinn für Humor.

Der neue erste Direktor des Nationalparks Kahuzi-Biega ist der Afrikaner Mushenzi Lusenge. Er wurde in der französischsprachigen Wildhüterschule Garua in Kamerun ausgebildet, bei deren Gründung unsere Sammlung »Hilfe für die bedrohte Tierwelt« ebenso nachdrücklich mitgeholfen hat wie bei der Gründung des Nationalparks Kahuzi-Biega. 1973 hörten Lusenge und Deschryver, der als zweiter Direktor weiterwirkt, daß Touristen an der Straße von Kisangani (Stanleyville) ein Gorillakind für zehn Mark gekauft hätten. Solche kleinen Menschenaffenkinder kommen immer nur dadurch in Menschenhände, daß die Mutter oder – meist sogar – die ganze Familie getötet werden. Das Baby wurde beschlagnahmt, mit dem Flugzeug geholt und mit der Milchflasche in der Familie von Deschryver großgezogen. Vier Monate später nahm er das Gorillakind mit in den Nationalpark und beobachtete, was die Familie Kasimirs tun würde.

Erst kam der Gorillamann Hannibal und sah sich genau an, was eigentlich vorging. Er näherte sich bis auf anderthalb Meter, ging dann zurück und drückte die Zweige beiseite, damit auch Kasimir das Gorillakind sehen konnte. Alsbald schritt dieser schreiend, aber langsam auf Deschryver zu. Das Baby schrie erschrocken auf, ebenso Deschryver selbst. Kasimir ging in einem halben Meter Abstand zweimal an ihm vorbei, ja er berührte ihn beinahe. Deschryver blieb nichts anderes übrig, als das Gorillakind auf die Erde zu setzen. Kasimir rollte es zu sich und nahm es vorsichtig an die Brust. Er ging damit zu den Gorillafrauen, die inzwischen auch aus dem Gebüsch herausgekommen waren. Der Silberrückenmann setzte das Kleinkind vor ihnen auf die Erde. Eines der Weibchen nahm es an die Brust, und sofort hörte das Baby zu schreien auf.

Acht Tage später gab es sehr starken Hagel und 65 mm Regen. Die Hagelschicht war mehrere Zentimeter hoch, und das Eis bedeckte zum Teil am nächsten Tag noch den Boden. Die Temperatur ging auf etwa null Grad zurück. Alle Gorillas waren erkältet und hatten Husten, die Pygmäen übrigens auch. Sie husteten noch, als wir drei Wochen später hinkamen. Wahrscheinlich ist das Gorillababy bei diesem unerwarteten Wettersturz umgekommen. Jedenfalls wurde es seitdem nicht mehr gesehen.

Adrien Deschryver hatte anfangs gar nicht gemerkt, daß er abwechselnd zwei verschiedene Gorillagruppen in dem Gestrüpp beobachtet hatte. Die zweite Gruppe, deren Betreuung Mushenzi Busenge »übernommen« hat, ist noch nicht ganz so zutraulich wie die von Kasimir. Einer der Gorillamänner hat 1973 Herrn van der Becke, einen der Wildwarte des Virunga-Nationalparks, umgeworfen. Getan hat er ihm allerdings nichts.

Elefanten hingen vom Himmel herab

Wenn ich in den letzten Jahrzehnten im Virunga-(früher Albert-)Nationalpark von Zaire (Kongo) war, habe ich es nur selten versäumt, das Fischerdorf Vitshumbi am Eduardsee zu besuchen. Es liegt wie ein Fremdkörper mitten im Nationalpark. Am anderen Seeufer, das zum Ruwenzori-(früher Queen-Elizabeth-)Nationalpark von Uganda gehört, gibt es ebenfalls Fischersiedlungen. Weil sie ständig größer werden und ihre Einwohner Wilddieberei treiben, behindern sie den Nationalpark erheblich.

Hier in Zaire ist das anders. Schon die belgische Kolonialverwaltung hatte die Fischer zu Genossenschaften zusammengeschlossen, in denen Bootsstege, Maschinen, Räucher- und Trocknungseinrichtungen für die Fische gemeinsam benutzt wurden. Außerdem wurde es ihnen untersagt, in diesem Gebiet, das unter strengem Naturschutz steht, Ackerbau und Viehzucht zu betreiben. Weitere Fischereisiedlungen, die während des Bürgerkrieges, der der Entlassung in die Unabhängigkeit vorausging, ohne Genehmigung im Nationalpark errichtet wurden, ließ die neue schwarze Regierung abbrechen; die Einwohner wurden aus dem Nationalpark entfernt.

Die Tiere in dem Fischerdorf Vitshumbi, die Pelikane, Flußpferde und vor allem die Elefanten, haben inzwischen gelernt, daß sie von den Menschen dort nichts zu befürchten haben. So ist ein Musterbeispiel des Zusammenlebens zwischen mehr als tausend Menschen mit Wildtieren entstanden. Man darf als Besucher nur nicht vergessen, daß diese Elefanten und Flußpferde keineswegs »zahm« sind. Immerhin ist ein weißer Fotograf, der einem Elefantenbullen allzu nahe rückte, von diesem getötet worden. Den Schwarzen dagegen, die den Tieren vorsorglich – und wenn es nur ein paar Meter sind – aus dem Weg gehen, ist noch nie etwas geschehen. Übrigens machen die Elefanten um die Wäsche, die überall im Dorf auf dem Boden zum Trocknen ausgebreitet wird, immer einen großen Bogen.

Wir waren nach Vitshumbi gekommen, um dieses Miteinander von Mensch und Tier zu filmen. Vor allem die mächtigen Elefanten fesselten uns. Übrigens kommen fast nur männliche Tiere in die Nähe oder ins Dorf. Mein Kameramann Götz Dieter Plage stellte also seine neue Kamera auf einem Dreifuß auf, um – das Panorama der Vulkane im Hintergrund – einen Elefantenbullen zu filmen. Er war gerade dabei, die richtige Belichtung und die Scharfeinstellung auszusuchen, als der Bulle auf ihn losstürmte. Götz Dieter wollte wegrennen, doch das ging nicht. Er hatte die Batterie, die durch ein Kabel mit der Kamera verbunden war, umgeschnallt. In seiner Aufregung riß er die Kamera einfach um, bis sich das Kabel endlich löste.

Der Elefant blieb stehen und beschäftigte sich eingehend mit der Kamera. Er beroch sie, berührte sie mit dem Rüssel und hob dann vorsichtig einen Vorderfuß, um ihn auf die Kamera zu setzen. Das konnte ich nicht mit ansehen. Schließlich war die Kamera neu und hatte fast soviel wie ein Auto gekostet. Ich lief auf den Bullen zu und lenkte ihn damit von der Kamera ab. Der Elefant verfolgte mich etwa zwanzig bis dreißig Meter, und in der Zwischenzeit konnte das Filmgerät in Sicherheit gebracht werden. Es war völlig unbeschädigt. Nachher stellte ich mit Erstaunen fest, daß ich Götz Dieter Plage auf seiner Flucht vor dem Elefanten sogar geknipst hatte. Meistens vergißt man nämlich im ersten Schrecken das Filmen und Fotografieren und ärgert sich später darüber.

Während der Dreharbeiten hatten wir noch ein anderes Erlebnis. Mit einem Mal hörten wir großes Geschrei. Zwischen all den Fischerbooten, die gerade ihren Fang ausluden, raste in wildem Galopp ein Flußpferdweibchen aus dem Wasser heraus, dicht gefolgt von einem verliebten Bullen. Die beiden rannten in großen Bogen und Schleifen durch die Menschenmenge. Alles stob auseinander, lachte und freute sich des Schauspiels, bis die Tiere mit viel Geplatsche wieder zwischen den Booten im Wasser verschwanden.

Von Zaire fuhr ich ins benachbarte Rwanda.

»Können Sie uns nicht helfen, die letzten hundert Elefanten unseres Landes zu retten«, fragte mich der zuständige Minister dieses kleinen zentralafrikanischen Staates. »Wollen Sie sie geschenkt bekommen? Können Sie sie nicht in zoologischen Gärten unterbringen? Oder sollen wir sie einfach quer durch das Land zum Akagera-Nationalpark treiben? Ich könnte dafür tausend, zweitausend Männer aufbieten.«

Er hatte soeben im Radio einen Vortrag von mir gehört, den ich über die Rettung der afrikanischen Natur gehalten hatte – auf französisch, was mir gar nicht so leicht gefallen war, denn ich war etwas aus der Übung. Die Fragen, die er jetzt anschnitt, waren mir bekannt, und ich hatte sie bereits hin und her überlegt. Trotzdem mußte ich antworten:

»Nein, Herr Minister, ich kann Ihnen nur raten, diese letzte Herde abzuschießen.«
Es war eine schwere Entscheidung, diesen Rat zu erteilen, aber es gab keine andere Lösung. Ich war schon häufig, meist vom Kongo aus, in Rwanda gewesen, das von 1899 bis zum Ende des Ersten Weltkriegs zu Deutsch-Ostafrika gehört hatte, seit 1920 von Belgien verwaltet und 1962 in die staatliche Unabhängigkeit entlassen worden war. Auch während der Wirren des Freiheitskampfes, 1961, war ich dort und hatte Guy de Leyn, den letzten belgischen Direktor des Akagera-Nationalparks, und seine Frau in dem prächtigen, auf einem Hügel gelegenen Haus besucht. Wir ahnten alle drei nicht, wie gefährlich die Lage geworden war. Ein paar Tage später wurde Guy de Leyn grausam verstümmelt und zu Tode gequält. Er gehört zu den Europäern, die nicht »durch wilde Tiere«, sondern »für wilde Tiere« ums Leben gekommen sind.

Rwanda, ein kleines gebirgiges Land im Herzen Afrikas, umfaßt nur drei Viertel der Fläche Baden-Württembergs. Seit ich zum erstenmal das Land besuchte, ist die Einwohnerzahl von 50 Köpfen je Quadratkilometer auf 158 gestiegen. Rwanda ist schon heute dichter besiedelt als Frankreich, und bei einer Bevölkerungszunahme von 4 v. H. jährlich werden in knapp zwanzig Jahren weit über dreihundert Menschen auf einem Quadratkilometer leben. Das Land hat kein Eisenbahnnetz, keinen Flußlauf, der es mit der Außenwelt verbindet, keine Industrie. Die Wälder sind größtenteils abgeholzt, die Bäche versiegen infolgedessen. Die Frauen müssen das Wasser aus dem Tal holen und hoch in die Berge zu ihren Hütten schleppen.

Ein großer Teil der Bevölkerung ist unterernährt und leidet Not – ein Ergebnis unserer modernen Medizin, des Kolonialismus und der Entwicklungshilfe, die alle nicht dazu beigetragen haben, den Geburtenüberschuß zu begrenzen.

Trotz dieser Lage leistet sich Rwanda zwei Nationalparks. Schon 1934 wurde ein Zehntel des Landes unter Naturschutz gestellt. Zwar ist dieses Gebiet für die Landwirtschaft nicht nutzbar, aber in Europa hätte man zumindest seinen Wildbestand ausgebeutet. Anders in Rwanda, wo man auch noch den Urwald an den Vulkanhängen unter Naturschutz stellte, weil dort die Berggorillas leben. Und wäre das von den Belgiern im Hinblick auf die damals bereits vorhandene Überbevölkerung nicht verhindert worden – die Einheimischen hätten zusätzlich noch die heiligen Jagdgründe ihrer früheren Herrscher, der Tutsi-Könige, zum Nationalpark erklärt. Afrikaner haben eben, von ihren alten Religionen her, zu ihren Mitgeschöpfen und zur Natur eine ganz andere Einstellung als Christen oder Mohammedaner.

Ausgerechnet in einem solchen Land mußte ich den Rat geben, die letzten Elefanten zu töten, und das, obwohl diese Tiere fast überall in Afrika – mit Ausnahme der Nationalparks, wo es eher zu viele gibt – weitgehend ausgerottet sind. In Rwanda allerdings lagen die Dinge anders, denn der Akagera-Nationalpark ist elefantenlos, seit 1938 der letzte dort lebende Elefant umkam. Wahrscheinlich wurden die meisten Tiere von Wilddieben getötet, bevor das Gebiet unter Naturschutz gestellt wurde. Auch Nashörner gab es im Akagera-Park keine mehr, bis 1957 die Belgier sechs Spitzlippen-Nashörner aus Ostafrika neu ansiedelten; heute sind es schon über zwanzig.

Die letzten etwa hundertdreißig Elefanten Rwandas lebten weit entfernt vom Nationalpark im Südosten des Landes. In dieser Gegend lagen einstmals die Weidegründe der hochgewachsenen Tutsi, die dreihundert Jahre lang, bis zur Unabhängigkeit, die Herrscher dieses Landes waren. Nachdem die kleineren, ackerbauenden Hutu sie in einem blutigen Kampf entthront hatten, wurden ihre Weidegründe gerodet und mit Pflanzungen und Feldern durchzogen. Den letzten Elefanten blieb immer weniger Raum. Man jagte sie mit Giftpfeilen und Drahtschlingen, die in Rüssel und Beine einschnitten, mit Lärm und Geschrei ständig in die Sümpfe und Büsche zurück. Doch nachts trieb sie der Hunger wieder heraus; sie verwüsteten die Felder, wurden vor Schmerzen bösartig und brachten manchen Menschen um. Als Bauer möchte ich auch nicht einer Elefantenherde ausgesetzt sein, und schon gar nicht solch verzweifelten, angriffslustigen Tieren.

Was aber sollte mit den Elefanten geschehen? Alle Zoos der Welt zusammen brauchten keine hundert ausgewachsenen Elefanten, und schon gar keine Bullen. Hinzu kam, daß diese Riesentiere nicht einfach auf Lastwagen Tausende von Kilometern durch unwegsames Gelände zur Küste befördert werden konnten, um dort verladen zu werden. Auch die andere Möglichkeit, die Umsiedlung in den Nationalpark, mußte ich dem Minister ausreden. Diese große Herde recht gefährlich gewordener Tiere würde sich gegen ihren Willen niemals zweihundert Kilometer durch dicht besiedeltes Land treiben lassen. Ein paar Monate später erfuhr ich, daß die Belgier diesen vergeblichen Versuch schon 1957 mit nur ein paar Dutzend Elefanten unternommen hatten. Bereits nach zwanzig Kilometern durchbrachen die Elefanten die Reihen der fast zweitausend schreienden, lärmenden, Feuerbüsche schwingenden Treiber und kehrten in ihre angestammte Heimat zurück.

Aber ich machte einen anderen Vorschlag. Um im Akagera-Park wieder Elefanten anzusiedeln, war keine ganze Herde nötig. Zehn gerade entwöhnte oder halbwüchsige Tiere, die sich viel leichter befördern und vorübergehend einsperren lassen, würden genügen und die Elefanten aus dem Bugesera-Gebiet würden wenigstens in ihren Kindern und Enkeln fortleben. Ich bot dem Minister an, das Fangen und Eingewöhnen dieser Tiere zu bezahlen. Die Spenden aus der Sammlung »Hilfe für die bedrohte Tierwelt«, durchgeführt von der »Zoologischen Gesellschaft von 1858«, machen es möglich, mit kleineren, aber schnell und entschlossen gegebenen Beträgen rasch und wirksam zu helfen.

Und so geschah es.

Die Regierung beauftragte eine Jagdfirma aus Ostafrika mit dem Abschuß der hundert Elefanten. Ihre Entlohnung sollte aus dem Erlös der Häute und des Fleisches bestehen.

Am 8. April 1975 wurde das Vorhaben gestartet – eine grausige Sache. Die Mehrzahl der getöteten Tiere wies Verletzungen auf. In ihren Körpern steckten Speerenden, in die Beine hatten sich Drahtschlingen eingeschnitten und waren eitrig eingewachsen. Jeder Schritt muß diese Tiere furchtbar geschmerzt haben. Acht Elefanten entkamen den Jägern, wechselten über die Grenze nach Burindi über und töteten dort drei Menschen. Nach wenigen Tagen wurden auch sie erschossen. Insgesamt starben innerhalb einer Woche 105 Elefanten!

Inmitten dieses Gemetzels waren unsere Beauftragten dabei, möglichst viele Jungtiere einzufangen, die schon groß genug waren, um ohne Mutter weiterzuleben. Die Einheimischen machten begeistert mit. Sogar Staatspräsident Habyarimana kam zweimal, um sich das Schauspiel anzusehen. Nachdem die Tiere durch Einschießen von Betäubungsmitteln weitgehend hilflos gemacht worden waren, sperrte man sie in Behälter und brachte sie in ein Lager, wo sie sich in Gehegen erholen sollten. Unter den eingefangenen Tieren befanden sich sechsjährige, achtjährige und sogar ein elfjähriger Elefant. Zweihundert Männer waren bisweilen nötig, um sie an einem Strick in die Behälter hineinzuzerren, die dann wiederum auf Plattform-Boote gezogen werden mußten. Weil das alles in dem weglosen, sumpfigen Gebiet so unglaublich schwierig war, setzten wir zusätzlich einen schweren Hubschrauber ein, der Jungtiere bis zu dreihundert Kilogramm Gewicht in wenigen Minuten zu dem zwei Kilometer entfernten Auffanglager beförderte. Stets wurde bis tief in die Nacht hinein gearbeitet, oft bis zwei Uhr morgens. Während der Zeit, die die Elefanten bis zur Weiterbeförderung in dem Lager, in eigens dafür gebauten, sehr starken Kralen, verbrachten, mußten ständig mit Lastwagen Riesenmengen von Futter – Äste und abgemähtes Gras –, dazu vor allem Wasser herangeschafft werden. Am 9. April war der letzte Elefant im Kral. Dank der begeisterten Mithilfe aller Beteiligten wurden nicht nur zehn, sondern sechsundzwanzig Tiere gefangen.

Vier Wochen später, am 1. Mai, wurden die ersten zwei Elefanten auf Lastwagen verladen, um nach Akagera, und zwar auf eine Halbinsel namens Nyampiki, gebracht zu werden. Das bedeutete 216 Kilometer Fahrt auf nichtgeteerten Straßen. Vorher aber mußten die Tiere erst einmal mit Süßkartoffeln in die Beförderungskisten hineingelockt werden, die dann von vierzig Mann auf einer schrägen Rampe dreißig Meter weit bis auf den Lastwagen gezogen wurden. Das Ganze dauerte etwa neun Stunden! Und bis die Tiere im Akagera-Park eintrafen, waren wiederum fünfzehn Stunden vergangen, denn unterwegs mußte dreimal zum Füttern und Trinken eine Rast eingelegt werden. Um ein Uhr morgens wurden sie freigelassen. Eine Postenkette verhinderte, daß die Jungtiere die Halbinsel bald wieder verließen. Sie sollten sich erst heimisch fühlen.

Wir hatten das Unternehmen gefilmt, damit auch die Spender erfahren konnten, was mit ihrem Geld geschehen ist. Und zwar hatte mich Margaret Lee Lyon, eine Kalifornierin, seit Jahren als Kameraassistentin und in vielen meiner Filme zu sehen, gebeten, dieses ungewöhnliche Vorhaben erstmals allein und selbständig fil-

Bildunterschriften zu den Bildseiten 33–40

Seite 33
Götz Dieter Plage, mein Kameramann in Zaire (Kongo), läuft vor einem angreifenden Elefanten davon. Da er den Akku umgeschnallt hat, zerrt er die umgeworfene Kamera hinter sich her. Im letzten Augenblick ist es ihm dann gelungen, sich zu befreien und schnell wegzulaufen.

Seite 34
Mit Hilfe der »Zoologischen Gesellschaft von 1858« wird ein Teil der jungen Elefanten gerettet, die noch nicht zu schwer sind, um eingefangen und wegbefördert zu werden. Als sehr nützlich erweist sich ein Hubschrauber, der Jungtiere bis zu 300 Kilogramm Gewicht rasch über die vielen Seen, Flüsse und Sümpfe des Bugisera-Gebietes trägt.

Seite 35
Die Vögel, wie dieser Marabu, schauen sich aus der Ferne den seltsamen Riesenvogel an, als der ihnen der Hubschrauber erscheinen muß.

Seite 36/37
Eine Jagdfirma aus Nairobi wird von der Regierung beauftragt, die letzten Elefanten zu erschießen. Diese Massentötung erfolgt innerhalb von sechs Tagen. Hier ist man gerade dabei, einige der Elefanten abzuhäuten.

Seite 38 oben
Ein halbwüchsiger Elefant wird hier durch eine Spritze leicht betäubt und in einen Behälter gezogen, der auf einem Floß steht.

Seite 38 unten
Mit Hilfe der Mittel, die wir bereitgestellt haben, können die Jungelefanten in diesen Käfigen den Fluß entlanggefahren werden.

Seite 39 oben
Mein gelber Unimog mit meinem Igelwappen an der Tür zieht hier einen Eisenkäfig mit einem Elefanten, der gerade vom Floß heruntergeholt worden ist, auf einen flachen Lastwagenanhänger.

Seite 39 unten
In einem eigens eingerichteten Lager können sich die Jungelefanten in geräumigen Boxen von den Betäubungsmitteln erholen und unter sorgfältiger Pflege auf ihre Weiterbeförderung in den Akagera-Nationalpark warten.

Seite 40
Die jungen Elefanten brauchen vor allem viel Wasser. Hier begießt Lee Lyon ein frisch gefangenes Jungtier mit Wasser, weil es sich beim Einfangen zu sehr erhitzt hat. Kurze Zeit darauf wurde Lee Lyon von einem dieser jungen Elefanten getötet.

men zu dürfen. Ich sagte gerne zu, doch dann geschah am 1. Juni um elf Uhr vormittags beim Freilassen eines der Tiere das Unglück. Als man den Beförderungskäfig öffnete, stand mein Unimog-Wagen dreißig Meter davon entfernt. Lee Lyon hatte ihre Kamera hinter der Kühlerhaube aufgebaut. Mit einem Mal griff der junge Elefant, der nur 1,40 Meter Rückenhöhe hatte, an. Alles flüchtete, teils lachend, wie üblich schnell hinter und unter den Wagen. Auch Margaret Lee Lyon lief davon. Dabei merkte sie aber, daß sie an der Kamera hing, genau wie ein paar Monate zuvor Götz Dieter Plage. Es war sogar dieselbe Kamera. Rasch drehte sie sich um und lief ein Stück zurück, um sich loszukoppeln. Der Elefant, der zunächst durchaus zufrieden gewesen war, daß alles vor ihm davonlief, sah es wohl als Angriff an, als Lee Lyon plötzlich kehrtmachte. Er rannte auf sie zu und schob sie samt Kamera etwa sieben Meter am Wagen entlang. Dann bohrte und stieß er sie in die Erde. Ein paar der Schwarzen versuchten, das Tier wegzuschieben, aber alle Bemühungen waren vergeblich. Auch das Gewehr, das schnell herbei geholt wurde, kam zu spät. Lee Lyon lag schon schwer verletzt am Boden. Ein Bote rannte nach Gabiro, zum Haus des Wildhüters, der fernmündlich einen Hubschrauber und einen Arzt anforderte. Doch Lee Lyon lebte nur noch fünf Minuten. Sie war eine sehr gut aussehende, tatkräftige, begeisterungsfähige und hart arbeitende junge Frau. Am Rande des Akagera-Parks liegt sie begraben. Es war für mich immer so selbstverständlich gewesen, daß sie mich um Jahrzehnte überleben würde...

Die jungen Elefanten schlossen sich in den kommenden Tagen und Wochen in zwei Gruppen zusammen und fühlten sich bald heimisch. Nur zwei von ihnen verließen trotz der Bewachung die Halbinsel Nyampiki, blieben aber im Park. Trotz der anstrengenden Reise war keines der jungen Tiere verloren gegangen. Sie leben zufrieden in ihrer neuen Heimat. Aber wieder einmal wurde ein schwerer Preis dafür gezahlt.

Bei Wildtieren in Kamerun

V on Haus aus sind die Neger in Kamerun unehrlich, träge, zu höheren geistigen Leistungen nicht fähig, man muß sie in strenge Zucht nehmen« – so etwa las ich in dem Buche eines Deutschen, das 1940, während der Nazizeit, erschienen ist. Nicht ganz so scharf drückte man sich Jahre später bei einer Besprechung zwischen Professoren und Studenten an einer kalifornischen Universität aus: »Schwarze haben im Durchschnitt einen etwas niedrigeren IQ (Intelligenz-Quotienten) als Europäer.«

»Warum habe ich dann aber von allen hier Anwesenden das beste Examen abgelegt?« fragte damals lächelnd ein junger Schwarzer.

»Wahrscheinlich liegt es daran, daß Sie zu Hause als bester unter einer großen Zahl von Bewerbern für das Studium in Amerika ausgewählt worden sind, während wir hier einfach Durchschnitt sind«, entgegnete man ihm nach einiger Überlegung. Der junge Mann, der damals die Frage stellte, sitzt mir jetzt auf einem Felsen am Ufer des Benoue-Flusses gegenüber, in dem Flußpferde schnauben und wo Kuhantilopen zum Trinken kommen. Es ist Andrew Allo, der heutige Direktor der »Ecole de Faune«, der Wildwart-Schule von Garua, Kamerun. Er hat in den USA studiert und dort eine weiße Frau geheiratet, die deutscher Abstammung ist; die beiden erwarten gerade ihr zweites Kind. Allo spricht sehr gut englisch, aber weil viele der Umstehenden das nicht verstehen, muß ich während dieser Wochen in Kamerun fast nur französisch reden.

Hier in Kamerun und in einigen der angrenzenden Länder wird man sicherlich, statt der vielen verschiedenen Eingeborenensprachen, noch in zweitausend Jahren französisch sprechen, denn Kamerun war vierundvierzig Jahre französische Kolonie. Manche Afrikaner sind unglücklich darüber, aber ich versuche ihnen immer wieder klar zu machen, daß Franzosen, Spanier, Portugiesen, Rumänen und ein großer Teil Italiens ja auch nicht mehr ihre ursprünglichen Sprachen gebrauchen. Sie haben in der Zeit, als sie Provinzen des römischen Weltreiches waren, dessen Kultur und Sprache übernommen und später weiterentwickelt. Und wäre Kamerun nicht 1916 als deutsche Kolonie verloren gegangen, würden die Leute hier vermutlich noch heute deutsch sprechen.

Einst war Kamerun ein Land mit großem Tierreichtum. Schon sein Name stammt daher. Als der portugiesische Seefahrer Fernão do Póo im 15. Jahrhundert die Küste erstmals sah, war er beeindruckt von der Unmenge Krabben in der Mündung des Wouri-Flusses. Er nannte ihn daher Rio dos Camaroes – Fluß der Krabben. Anfang des vorigen Jahrhunderts kamen Engländer auf Schiffen, welche die Sklavenhändler bekämpften, und eröffneten Handelsniederlassungen. 1868 baute die Woermann-Gesellschaft aus Hamburg ein Warenhaus, und andere deutsche Firmen folgten. 1884 schloß der deutsche Konsul in Tunis, Gustav Nachtigall, im Auftrag der Reichsregierung mit einem Stammeskönig namens Bell einen Vertrag ab, der Kamerun unter den Schutz des Deutschen Reiches stellte. Die Häuptlinge Jos und Hickory aber rissen am 15. Dezember die deutsche Flagge herunter. Drei Tage später kam Admiral Knorr mit dem Kriegsschiff »Bismarck« und ging so scharf gegen die Aufrührer vor, daß es zu Racheakten kam: der Vertreter von Woermann wurde ermordet, sein verstümmelter Körper in den Fluß geworfen. Am 4. Juli 1885 jedoch konnte Baron von Soden seinen Posten als Gouverneur antreten, und im Berliner Vertrag vom 24. Dezember des gleichen Jahres tauschten Franzosen und Engländer ihre Besitze in Kamerun gegen andere Gebiete Afrikas mit dem Deutschen Reich ein.

Damit war Kamerun endgültig eine deutsche Kolonie geworden. Man legte Ölpalmen-, Kautschuk- und Bananenpflanzungen vor allen in dem Urwaldgebiet nahe der Küste an und begann mit dem Bau von Eisenbahnen. Größere deutsche Siedlungen, wie etwa in Deutsch-Ost- und Deutsch-Südwestafrika, sind hier jedoch nie entstanden, denn das feuchtwarme, regenreiche Klima in der Nähe des Äquators ist für Weiße nicht so gut verträglich.

Das dürfte auch der Grund sein, warum sich die deutsche Schutztruppe im Ersten Weltkrieg in Kamerun nicht so lange halten konnte wie etwa die unter Lettow-Vorbeck in Deutsch-Ostafrika – zum Glück für die Eingeborenen, die für die eine Kolonialmacht gegen die andere kämpfen mußten. Schon Anfang 1916 traten die deutschen Kompanien auf neutrales spanisches Gebiet über. Aber bis dahin waren bereits 1200 schwarze Soldaten, 138 deutsche Unteroffiziere und 34 Offiziere gefallen! Kamerun fiel später als Treuhandgebiet des Völkerbundes zum großen Teil an die Franzosen, zu einem kleinen Teil an die Engländer. Im Zweiten Weltkrieg war die Stadt Duala eine Zeitlang Hauptquartier von General Charles de Gaulle. 1960 wurde das Land selbständig; ein Jahr später entschied sich der nördliche Teil des englisch verwalteten Gebietes für den Anschluß an Nigeria. In Kamerun, das beinahe zweimal so groß ist wie die Bundesrepublik Deutschland, leben etwa sechs Millionen Menschen – in der Bundesrepublik dagegen zehnmal so viel.

Die lange französische Kolonialzeit hat sich für die wilden Tiere als Nachteil ausgewirkt, denn Franzosen sind nun einmal vorwiegend Jäger. In dem Buch »Unvergessenes Kamerun« des Österreichers Ernst A. Zwilling, der von 1928 bis 1938, also in französischer Zeit, als Plantagenangestellter, Goldsucher und Trophäenjäger dort gelebt hat, finde ich zweiundvierzig Wildtierarten abgebildet. Alle Tiere wurden vorher totgeschossen, bis auf eine Ausnahme, einen zahmen Schimpansen.

Mit einem der täglichen Flüge der »Air Cameroun« bin ich von Paris nach Duala geflogen, der größten Hafenstadt Westafrikas. Schon im Flugzeug fielen mir die hocheleganten und sehr geschmackvoll angezogenen jungen schwarzen Damen auf, die oft schicker sind als Pariserinnen. Und die Werbeschrift in der Rücktasche des Vordersitzes erläuterte, daß Kamerun das »Afrique en miniature« ist, Afrika im kleinen. Ich mußte das bald bestätigen.

Kamerun dehnt sich vom Golf von Guinea bis zum Tschad-See, von West- bis nach Ostafrika aus. An den Urwald, der ein Drittel des Landes ausmacht, schließen sich Savannen und zum Schluß Steppe wie in der Serengeti an. Ebenso reichhaltig und verschiedenartig ist die Tierwelt. Im küstennahen Urwald fallen bis 6,4 m Regen im Jahr, hoch im Norden in der Steppe nur 1,2 m. Die 250 000 Einwohner Dualas leben bei 20–35 Grad Luftwärme. In der Hauptstadt Yaunde (190 000 Einwohner), die 750 Meter hoch liegt, ist es schon viel angenehmer. Die Dörfer in Süd-Kamerun werden, ähnlich wie in Kenia, mehr und mehr ein Opfer der Landflucht. Entsprechend wächst in den großen Städten die Zahl der Arbeitslosen.

In dem Land gibt es fünf Nationalparks, die alle erst nach der Entlassung in die Unab-

Kamerun, wegen seines feuchtheißen Klimas von den Europäern lange Zeit gemieden, war zunächst deutsche, dann englische und französische Kolonie. Seit 1960 ist das Land unabhängig.

hängigkeit geschaffen wurden. Keiner stammt aus der Kolonialzeit, denn im Gegensatz zu den Belgiern, Briten und Portugiesen haben sich die Franzosen um den Naturschutz in ihren Kolonien nicht gekümmert. Leider liegt keiner der Parks in dem Urwald, der mit dem des Kongobeckens in Verbindung steht, und in dem es neun Monate des Jahres regnet. Am Kamerun-Berg (4070 m), dem »Sitz der Götter«, regnet es sogar an 280 Tagen im Jahr. Deshalb sieht man auch den Berg von den vielstöckigen Hotels Dualas aus nur selten bei klarem Himmel.

In diesem Urwald leben unglaublich viele und bedeutsame Tierarten. Etwa der Gorilla. Die Vorfahren der meisten Zoo-Gorillas kommen aus diesem Gebiet oder aus dem angrenzenden Äquatorial-Guinea. Das unter deutscher Verwaltung 1908 erlassene Verbot der Gorilla-Jagd wurde 1930 von den Franzosen aufgehoben. Sie erteilten den Jägern die Genehmigung, »einen Gorilla im Jahr« abzuschießen oder drei »für wissenschaftliche Zwecke«.

Erst 1936 wurde der Gorilla wieder unter Schutz gestellt, wenn auch meist nur auf dem Papier. Zwilling, der in den dreißiger Jahren einen dieser Menschenaffen dort schoß, erzählt immerhin, daß sie manchen Schaden auf den Feldern anrichteten. Es muß danach also genug gegeben haben. Wieviel es heute noch gibt, ist schwer zu sagen. Eine Zoologin, die sich gerade monatelang bemüht hat, Gorillas zu beobachten, entdeckte nur Spuren von ihnen, bekam aber keinen zu Gesicht. W. Bützler hatte sie 1974 noch an neun verschiedenen Stellen Kameruns gesehen.

Noch in den fünfziger Jahren fiel mir in einer deutschen Illustrierten ein großaufgemachter Bericht über einen riesigen Gorillamann auf, der, nach Muster von »King Kong«, laufend Menschenfrauen vergewaltigte. Ein deutscher Jäger hatte ihn endlich unter Todesgefahr erlegt und das Skelett an ein Münchner Museum geliefert – »zu wissenschaftlichen Zwecken«. Mir kamen die Bilder verdächtig vor, ich bestand darauf, von dem Museum das Geschlecht des Tieres zu erfahren – der böse Vergewaltiger war ein Weibchen...

Auch Schimpansen leben im Kamerun-Urwald, ferner Bongos, Hirschferkel, Riesenwaldschweine, verschiedene Ducker- und Schopfantilopenarten, Kobra, Gabunviper, Nashornviper, Grüne Mamba, Baumschlange, Waldbüffel, die hier rötlich sind und kleiner als anderswo, und der rundohrige Waldelefant, der nur 2,80 Meter Schulterhöhe hat, während der ostafrikanische Steppenelefant bis zu 3,50 Meter hoch wird. Die Pygmäen waren die einzigen, die den Waldelefanten gejagt haben und das immer noch tun. Sie pirschen sich dicht heran, stoßen ihm von hinten einen Speer in den Bauch und verfolgen das Tier so lange, bis es verendet.

Pinselohrschweine gibt es hier ebenfalls und den Goliathfrosch, der, außer im angrenzenden Äquatorial-Guinea, sonst nirgends in Afrika vorkommt. Um einige dieser drei Kilogramm schweren Tiere, deren Beine einen halben Meter lang sind und deren

Augen einen Durchmesser von 2,3 cm haben, zu fangen, hat der Duisburger Zoodirektor Dr. Wolfgang Gewalt einige Nächte bei den Wasserfällen und Stromschnellen des Benoue-Flusses verbracht. Ein Jahr später waren die sechs Riesenfrösche tot, weil eine Firma dicht neben dem Terrarium des Duisburger Zoos Schädlings-Bekämpfungsmittel versprüht hatte... Im Frühjahr 1978 erhielt der Duisburger Zoo erneut acht Goliathfrösche aus Kamerun.

In diesem tiefen Urwald, wo Touristen nie hinkommen, hat sich Dr. Gewalt übrigens eine Tropenkrankheit geholt, die Loa Loa. Bremsen übertragen dort gelegentlich – nur tagsüber – winzige Fadenwürmer-Larven, die sich im Körper zu drei bis sechs Zentimeter langen, roßhaarstarken Würmern entwickeln. Sie wandern, oft in großer Zahl, unter der Haut umher und verursachen lästige Schwellungen. Mitunter sind einzelne Wanderwürmer wie helle Fäden unter der Augenbindehaut zu sehen. Diese hartnäckige Krankheit bricht, wohl beim Entsenden der neuen, winzigen Wurmkeimlinge ins Blut, immer wieder aufs neue recht heftig aus.

Von dem tausend Meter hoch gelegenen Ort Ngaundere (von Ngau Ndere = Nabelberg) fahren wir mit dem Wagen 750 Meter hinab bis zur nächsten größeren Stadt im Nordwesten, nach Garua. Allerdings benutzen wir nicht die neue Asphaltstraße, sondern durchqueren den Benoue-Nationalpark, der beiderseits des gleichnamigen Flusses liegt. In dem lichten, bereits savannenartigen Wald leben etwa zwei- bis viertausend der schwarzen Steppenbüffel, zwischen zehn und fünfzehn Nashörner, zwei- bis dreihundert Elefanten, Elen-Antilopen, Riedböcke und Kuh-Antilopen (Kongoni), die anders aussehen als in Ostafrika. Nach den schwarzen Büffeln heißt die Besucher-Unterkunft am Rande des Parkes »Buffle noir«; die einzelnen kleinen Rundhäuser sind der Landschaft angepaßt – wohltuend im Vergleich zu den Riesen-Betonkästen, die man heute vielfach in Kenia sieht. Von hier hat man einen malerischen Ausblick auf den Fluß, auf die Tiere, die zur Tränke kommen, und auf die Flußpferde. Mir fällt auf, daß die Gäste eigentlich nur Franzosen und einheimische Schwarze sind, wie fast überall in den Parks von Kamerun. Es kommen kaum Besucher aus Übersee wie in den ostafrikanischen Ländern. Die Fahrwege im Park sind nur von Ende November bis Mitte Juli für Autos benutzbar, das Hotel selbst aber das ganze Jahr geöffnet. Der Benoue-Nationalpark ist 1800 km² groß (zum Vergleich: Serengeti 12 950 km², Nationalpark Bayerischer Wald 130 km²). Wie wir den Park verlassen, finden wir den Schlagbaum verwaist. »Der Wächter ist ins Dorf gegangen, seine Frau ist krank«, erklären uns ein paar danebenstehende Leute... Ein Buch, in das sich die durchfahrenden Autos eintragen müssen, gibt es nicht!

Daß 1968 die ersten vier und 1972 der fünfte Nationalpark in Kamerun geschaffen wurde, dazu hat auch die »Zoologische Gesellschaft von 1858« aus meiner Fernsehsammlung »Hilfe für die bedrohte Tierwelt« schon frühzeitig beigetragen. Pierre Flizot, ein in Kamerun lebender Franzose, hatte bald nach der Unabhängigkeit des Landes

Stimmung dafür gemacht. Bereits 1964 ließen wir für ihn große farbige Plakate drucken – einheimische Schwarze vor Wildtieren –, auf denen der Aufruf zu lesen war: »Kameruner: So sieht eure Tierwelt aus. Beschützt sie!« und die in jedem Dorf klebten.

Von allen Kolonialmächten waren wohl die Franzosen am großzügigsten den Einheimischen gegenüber. Anders als in den englischen Kolonien wurden sie beispielsweise nicht von bestimmten Gaststätten oder von der ersten Klasse der Eisenbahnen ausgeschlossen. Auch wenn sie es sich meistens geldlich nicht leisten konnten – jedenfalls bestand kein Verbot. Heiraten zwischen Schwarzen und Weißen waren erlaubt, die Kinder aus diesen Ehen hatten keine Nachteile zu fürchten. Schwarze Abgeordnete aus den Kolonien saßen in Paris im Parlament, und schon in den fünfziger Jahren arbeitete dort ein schwarzer Kolonialminister. Die Franzosen förderten den Stolz der afrikanischen Bevölkerung auf ihre Kultur; es gab eigene Institute, und man stellte schon damals alte afrikanische Skulpturen aus. Während die Worte Neger, Negro, Nigger in ganz Afrika als Schimpfwort empfunden werden, ist »negritude« im französisch sprechenden Afrika eine ehrenvolle Bezeichnung für afrikanische Dichtkunst und Philosophie. Heute leben in den ehemaligen französischen Kolonien zum Teil mehr Franzosen als zur Kolonialzeit. In den einstmals englischen Besitzungen bemühte man sich dagegen, möglichst rasch jeden Briten loszuwerden…

Für Naturschutz dagegen hatten die Franzosen – wie gesagt – nie viel übrig. Ich habe das selbst noch während der französischen Kolonialzeit, in der Elfenbeinküste, in Französisch-Guinea, in Niger, Mali, Haute Volta usw. erfahren. Mein verstorbener Sohn Michael und ich waren die ersten Deutschen, die diese Gegenden nach dem letzten Krieg bereisten. Zwar zeigte mir der französische Generalgouverneur in Dakar auf der Landkarte Naturschutzgebiete, aber wenn man an Ort und Stelle war, wußte niemand etwas davon. Es standen nicht einmal Schilder an den Eingängen. Ein freundlicher Häuptling, der zugleich französischer Beamter war, marschierte mit uns bis an den Weißen Bandama – und schoß stolz die beiden letzten Flußpferde tot, obwohl diese, dem Gesetz zufolge, das ganze Jahr über streng geschützt waren. Im Lande hatte niemand etwas von diesen Gesetzen gehört. Als die französischen Kolonien selbständig wurden, fehlte daher meist jede Überlieferung im Naturschutz.

Gerade aus diesem Grunde haben wir 1968 die Gründung der Wildwartschule in Garua unterstützt. Wir hatten seinerzeit das erste Haus für eine gleichartige Ausbildungsstätte gekauft, für das »College of Wildlife Management« in Mweka bei Moshi, Tansania. Dort werden in zweijährigen Kursen junge Leute aus englisch sprechenden Ländern Afrikas, ja selbst Asiens, für die Arbeit in Nationalparks und Game Departments (Jagd-Verwaltungen) ausgebildet. Weil uns so etwas für den französisch sprechenden Teil Afrikas ebenso wichtig erschien, haben wir 1968 für das erste Haus der Wildwart-Schule in Garua 25 000 DM beigesteuert.

Bildunterschriften zu den Bildseiten 49–56

Seite 49
Die Flüsse Kameruns sind noch voller Fische, die getrocknet oder frisch überall auf den Marktplätzen angeboten werden. In vielen anderen Teilen Afrikas leiden die Menschen dagegen an Eiweiß-Unterernährung. Falls die Flüsse dort ebenso verschmutzt und vergiftet werden wie bei uns in Europa, werden die Fische als Eiweißlieferer immer mehr verschwinden.

Seite 50
Der Goliathfrosch in den Wäldern Kameruns wird bis drei Kilogramm schwer, hat Beine von einem halben Meter Länge und einen Augen-Durchmesser von 2,3 Zentimeter.

Seite 51
Die Boomslang lebt von Kleinvögeln, Chamäleons, kleinen Säugetieren und vor allem von Jungvögeln in den Nestern. Sie galt lange Zeit als ungefährlich und ungiftig, bis eines Tages der Schlangenforscher Karl Patterson Schmidt aus Chicago, ein Bekannter von mir, von einer Boomslang gebissen wurde und daran starb. Diese in ganz Afrika und auch in Kamerun außerhalb der Wüsten weit verbreitete und häufige Schlange zieht es allerdings vor, schnell im Laub des Baumwipfels zu verschwinden. Nur wenn sie keine Fluchtmöglichkeit sieht, bläst sie die Vorderhälfte des Körpers erstaunlich stark auf und beißt zu.

Seite 52/53
In den Teilen Afrikas, die noch nicht von der Verstädterung ereilt worden sind, halten die Familien sehr eng zusammen. Die Häuschen einer Gruppe von Eingeborenen, die miteinander verwandt sind, werden hier in Kamerun stets mit hohen Zäunen eingefaßt, so daß man von außen den Innenhof nicht einsehen kann.

Seite 54
Hier spielt ein Wüstenluchs oder Karakal mit einer Sandrennatter. Er ist recht leichtsinnig, denn der Biß dieser Schlangen, die sich ungemein schnell fortbewegen können, ist nicht ganz harmlos. Zumindest kleine Beutetiere sterben bald daran, und selbst Menschen können darunter leiden.

Seite 55 oben
Ist es wirklich so schrecklich, von Löwen getötet zu werden? Oder sogar ganz langsam bei lebendigem Leibe angefressen zu werden? Dieser alte Büffelbulle scheint sich völlig in sein Schicksal ergeben zu haben.

Seite 55 unten links
Der Büffel sieht sich noch nach seinen Peinigern um. Von Menschen, die von Löwen oder Tigern gepackt und verwundet worden sind, wissen wir, daß sie keinerlei Schrecken und Schmerz empfanden, sondern dumpf gelähmt waren.

Seite 55 unten rechts
Die Löwen scheint es nicht zu stören, ob ihr Opfer, wie hier, endlich tot ist oder noch lebt. Trotz allem hat dieser Büffel in seinem Dasein insgesamt weniger gelitten als die Kälber, Hühner und Schweine in der heute in Deutschland weit verbreiteten Massentierhaltung, wo sie ihr ganzes Leben lang gequält werden.

Seite 56
Die Kuhantilopen sehen etwas anders aus als die Kongoni in Ostafrika. Diese Tiere mit dem langen, schmalen Kopf gehen überwiegend im Paßgang. Im alten Ägypten wurde die nordafrikanische Unterart in großer Zahl halbzahm als Haustier gehalten.

48

Inzwischen hat sich die Anlage großartig entwickelt! Zwölf große Bauten mit Wagen-Reparaturwerkstätten, Zimmern und Schlafsälen für die Schüler, Wohnungen für die Lehrer, mit Bücherei und Vorlesungsräumen stehen zur Verfügung. Deutsche, holländische und französische Zoologen sind hier neben afrikanischen Fachleuten tätig. Augenblicklich sind es elf Lehrer, die vierundfünfzig Schüler unterrichten – dreizehn aus Kamerun, die übrigen aus dreizehn anderen französisch sprechenden afrikanischen Ländern.

Mit Pierre Fotse, dem Leiter der Nationalparkverwaltung, fliege ich ein paar Tage später in einer kleinen Maschine über den Waza-Nationalpark. Er besteht aus einer fast baumlosen Steppe, liegt hoch im Norden auf den Tschad-See zu und ist 1700 km² groß. Nach der letzten Zählung von der Luft aus leben hier 478 Elefanten, 675 Warzenschweine, 1021 Giraffen, 349 Pferde-Antilopen, 794 Topis, 64 Strauße, 25 Riedböcke, 21 933 Moor-Antilopen, außerdem Löwen, Leoparden und ein paar Geparden. Nashörner gibt es hier keine mehr. Zebras und Gnus findet man in ganz Kamerun nicht. Von der Luft aus sehe ich, daß auch riesige Rinderherden aus den umliegenden Dörfern in den Park hineingetrieben worden sind.

»Wo sind die Wildhüter untergebracht, die den Park beschützen sollen?« frage ich Pierre Fotse und erfahre, daß sie einzeln mit ihren Familien in den umliegenden Dörfern wohnen.

In den Nationalparks anderer Länder gibt es so etwas kaum. Dort leben die Wildhüter und auch die Leute, die die Fahrwege in Ordnung halten müssen, in eigens für sie gebauten Siedlungen am Rande oder mitten im Park. »Glauben Sie wirklich«, frage ich Herrn Fotse, »daß ein Wildhüter es wagen wird, im Park Kühe zu beschlagnahmen, die Leuten aus seinem Dorf gehören, wo seine Frau und Kinder wohnen?« Dazu muß man das afrikanische Dorfleben kennen…

Genau wie in Kenia ist die Wilddieberei hier die Kernfrage. Häufig sollen Beamte und Soldaten Tiere abschießen – nach altem französischen Kolonial-Brauch. Deswegen könne man nicht so streng vorgehen, sagt mir etwas verlegen Pierre Fotse. Außerdem kämen viele Wilddiebe aus dem angrenzenden Nigeria, wohin man sie nicht verfolgen könne. Kaum glaublich: Hat man sie gefaßt, dann werden sie nur mit Geldstrafen belegt. Bei den hohen Preisen für Elfenbein, Nashorn-Hörner und Wildhäute sind das natürlich nur Geschäftsunkosten!

Im Waza-Park sind die Fahrwege nur von November bis Anfang März sicher benutzbar, den Rest des Jahres ist die Steppe weitgehend überschwemmt. Der Wildtierbestand ist in den letzten Jahren stark zurückgegangen, die Nashörner sind ganz ausgerottet. Selbstverständlich können nur so viele Tiere hier überleben, wie in der Trockenzeit

Nahrung finden. Gebiete, in die sie überwechseln und wo sie noch Weide finden könnten, wie etwa in der Serengeti, gibt es hier nicht. Wohl sehe ich vom Flugzeug aus noch große grüne Flächen, aber sie liegen jenseits der angrenzenden Autostraße, gehören nicht mehr zum Park und sind voller Rinder- und Schafherden. Gleich dahinter kommt die Grenze von Nigeria.

Immer trockener wird das Land. Der Wasserspiegel des Tschad-Sees geht ständig zurück. Deswegen haben wir 1972 das Geld für den Bau von kleinen Staudämmen im Waza-Nationalpark gestiftet, die das Wasser einige Monate länger festhalten. Bis diese fertig waren, mußte das Wasser für die Wildtiere sogar in Tankwagen hineingefahren werden. 1973 wurden drei weitere Tränken auf unsere Kosten angelegt. 1974 spendeten wir 43 000 DM für die Vertiefung der Wasserflächen und für zwei zusätzliche Tränken, 1975/76 wiederum 16 000 DM zur Anlage von befahrbaren Pisten, damit die Wildwarte auch in der Regenzeit mit Geländewagen schnell in besonders von Wilddieben gefährdete Gebiete kommen konnten. So vermochten wir in den letzten Jahren Tausende von Tieren vor dem Verdursten zu retten. Bereits bestellt sind ein Kraftwagen mit Filmvorführgerät und ein kleiner Bus, um Lehrer und Vertreter von Jugendverbänden in die Parks zu fahren. Aber ich habe der Presse und den zuständigen Ministern in einer öffentlichen Sitzung mitgeteilt: Wir werden erst weiterhelfen, nachdem man uns die Namen der ersten drei, zu Gefängnisstrafen verurteilten Wilddiebe und die Gefängnisse, in denen sie sich befinden, genannt hat. Die Zeitungen haben diese Meldung in großer Aufmachung gebracht. Alles ist erstaunt über meine Mitteilung, daß in Tansania sogar ein Provinzgouverneur abgesetzt und ins Gefängnis gesperrt wurde, weil er heimlich zwei Elefanten geschossen hatte.

Wie schon im Benoue-Park liegt auch hier das Hotel erfreulicherweise nicht im, sondern dicht neben dem Nationalpark, am Hange eines felsgekrönten einzelnen Berges. Man sieht weithin über die Steppe. Ich frage den Sohn des französischen Besitzers, ob er hier geboren ist. »Né à Paris, mais fabriqué à Cameroun!« ist seine Antwort – geboren in Paris, aber fabriziert in Kamerun. Die runden, einzelnen Gästehäuser, die sich gut in die Landschaft einpassen, haben sogar elektrische Luftkühlung.

Die Ureinwohner Kameruns gehören zu den Bantu-Stämmen. Sie sind schon vor Jahrhunderten von den Fulbe besiegt worden, die – ähnlich wie die Massai Ostafrikas – keine Neger, sondern Hamiten sind, aus dem Sudan kamen und Reitpferde mitbrachten. Sie haben, ebenso wie die verwandten Haussa, damals viele kleinere Königreiche gegründet. Schon in der Kolonialzeit, und erst recht seit der Unabhängigkeit, ist ihr Einfluß immer mehr zurückgegangen.

In den nächsten Tagen treffen wir an den – zum Teil von uns geschaffenen – Teichen unvorstellbare Mengen von Wasservögeln an. Die Giraffen lassen mich sogar zu Fuß recht nah herankommen, bei den Elefanten bin ich etwas vorsichtiger. Vor acht Wochen hat einer eine Besucherin getötet. Sie hatte den Wagen verlassen, um zu fotografieren. Als er angriff, trat sie mit dem Fuß in ein Erdloch und konnte nicht schnell genug flüchten. Die Löwen begegnen uns freundlicher.

Als Naturschützer ist man Kummer gewöhnt. Auf zehn Fehlschläge kommt ein Erfolg... Diesmal aber geschieht so ein Wunder. Schon nach zwei Monaten erhalte ich die Mitteilung: die ersten drei Wilddiebe sitzen wirklich im Gefängnis von Garua. Afadi Agranga, 28 Jahre, wurde durch das Gericht in Kousseri zu zwanzig Monaten verurteilt, weil er im Wazapark Warzenschweine getötet hatte. Wegen zwei Büffeln, zwei Kuhantilopen, vier Oribis und einer Schirrantilope büßen dort Jean-Marie Ousmandu, 30, und Pierre Daoudou, 28, ihre Strafe ab. Ein paar Monate später werden mir die Namen und die Gefängnisse von zehn weiteren Wilddieben gemeldet.

Wir überweisen daraufhin 40 000 DM für den Bau von Wildhüter-Siedlungen im Waza- und im Benoue-Nationalpark.

Wie wird es weitergehen? Kamerun hat jetzt fünf Nationalparks mit insgesamt 5950 km² Bodenfläche. Das sind 1,26 v. H. des gesamten Landes, also weniger als in den meisten ostafrikanischen Ländern. In diesen Parks sind 95 Wildhüter und 123 Arbeiter beschäftigt. Das ist immerhin ein guter Anfang. Wir wollen helfen, daß die Nationalparks größer und vor allem sicherer werden – zum Wohle der Menschen von Kamerun.

Wir flogen mit Geiern um die Wette

Selbstverständlich mag ich Tiere gern«, sagt fast jeder treuherzig. Aber bei den meisten hat das Grenzen – etwa wenn es um Frühstückseier oder Schnitzel geht. Der Gedanke, daß dafür Tiere meist grausam gequält werden, wird verdrängt. Die meisten Leute machen außerdem bei ihrer Tierliebe Ausnahmen. Wer »liebt« schon Schlangen, Läuse, Ratten, Ohrwürmer, Krokodile – oder gar Geier, Aasgeier? Doch selbst über Geier kann man recht fesselnde Dinge herausfinden, man muß sich nur näher mit ihnen befassen. Der Forscher Dr. Colin Pennycuick tat es – auf einem 1636 km² großen Gebiet der Serengeti, teils innerhalb, teils außerhalb des Nationalparks. Ich stellte ihm dazu mein Motorsegelflugzeug zur Verfügung. Seine Beobachtungen sprach Dr. Pennycuick während des Fluges auf ein Tonbandgerät.

Mein Segler (Schleicher ASK-14), ein Einsitzer, hat einen Propeller und einen Hilfsmotor von 26 PS. Er kann also mit eigener Kraft aufsteigen. Sobald ein natürlicher Aufwind erreicht ist – für gewöhnlich nach fünf bis zehn Flugminuten –, wird die Maschine abgestellt, der Propeller in die richtige Lage gedreht und der Flug segelnd fortgesetzt. In schwierigen Fluglagen oder wenn weite Strecken ohne aufströmende Lüfte zu überwinden sind, kann der Motor in der Luft wieder gestartet werden.

Der Motorsegler erwies sich als besonders günstig für das Beobachten der Tiere während des Fluges. An sich kann er von einer bestimmten Höhe aus eine längere Strecke hinabgleiten als ein Geier. Dieser kommt bei unbewegter Luft aus hundert Metern Höhe 1500 Meter vorwärts, bis er die Erde berührt; das Segelflugzeug dagegen 2800 Meter. Es fliegt also beinahe zweimal so weit und außerdem viel schneller, nämlich 21 Meter in der Sekunde (gegenüber 10 Metern beim Geier). Die geringste Sinkgeschwindigkeit liegt in beiden Fällen bei 0,76 Metern in der Sekunde.

Die geringere Geschwindigkeit des Geiers hat große Vorteile, wenn er ohne Flügelschlag in die Höhe steigen will. Gerät der Vogel dabei in eine Säule aufsteigender warmer Luft, verlangsamt er seinen Flug so, daß er nur wenig sinkt. Er erreicht also eine geringere Geschwindigkeit als jene, die der Segler braucht, um in der Luft zu bleiben. Geier können sich auf diese Weise viel länger im Mittelpunkt einer emporstrebenden Luftsäule halten, wo der Aufwind am stärksten ist. Das Segelflugzeug muß dazu im Kreise fliegen; sein kleinster Kreis ist aber 4,3 mal größer als jener des Geiers. Diese großen Kreise bringen das Segelflugzeug immer wieder aus der stärksten Warmluftauftriebssäule heraus. Bei geringer Geschwindigkeit muß das Segelflugzeug außerdem die Bremsklappen voll ausfahren, will es den Geier nicht zurücklassen.

Will der Pilot die Geschwindigkeit – etwa beim Landen – verringern, dann sperrt er wie bei anderen Flugzeugen die Klappen an den Flügeln ab. Der Geier – wie viele andere Vögel – erreicht dies, indem er einfach die angezogenen Beine herunterhängen läßt. Dr. Pennycuick hat das genau nachgewiesen, indem er tote Geier in verschiedenen Haltungen einfrieren ließ und sie in einer Windröhre aufhängte. In diesem Rohr mit großem Durchmesser wird ein künstlicher starker Luftstrom erzeugt und der Widerstand des aufgehängten Vogels bzw. sein Auftrieb bei verschiedenen Stellungen der Flügel und Beine gemessen.

Fliegt ein Geier durch Luft, die keinen Auftrieb hat oder die sogar herabsinkt, so steigert er im allgemeinen seine Geschwindigkeit auf über zwanzig Meter in der Sekunde. Dann ist es dem Segelflugzeug möglich, bei ihm zu bleiben, ohne zu kreisen. In der Serengeti erwärmt sich die Luft, wie überall, frühmorgens nicht unmittelbar dadurch, daß die Sonnenstrahlen sie durchdringen – das geschieht nur, wenn sie sehr staubig oder rauchig ist. Sonst aber gehen die Strahlen der Sonne durch die Luft hindurch und erhitzen erst den Erdboden. Von diesem steigt dann erwärmte Luft auf. In der Trockenzeit (in der Serengeti etwa von Juli bis September und von Ende Dezember bis Februar) bilden sich bei Sonnenaufgang, etwa um 6.30 Uhr, die ersten Ströme aufsteigender, erwärmter Luft, von denen die Geier sich zwei Stunden später, manchmal auch schon nach neunzig Minuten, im Segelflug tragen lassen können. Das Segelflugzeug kann erst ab 10 bis 10.30 Uhr in Kreisen innerhalb der Aufwinde fliegen, die bis 15 Uhr immer stärker werden.

Zwischen 11.30 und 13.30 Uhr bilden sich die ersten Haufenwolken. Sie entstehen, da die Luft sich in der Höhe abkühlt, durch die Verdichtung des Wasserdampfes, der von den Warmluftströmen emporgetragen worden ist. Je wärmer die Luft ist, die im Laufe des Tages von der Erde aufsteigt, um so größer wird die Höhe, in der sich die Wolken bilden. Bei schönem Wetter entstehen die ersten am Vormittag etwa 3000 Meter über dem Meeresspiegel, steigen dann gegen 15 Uhr auf eine endgültige Höhe von 4000 oder sogar 4500 Meter. Da die Serengeti etwa 1500 Meter über dem Meeresspiegel liegt, können die Vögel eine Lufthöhe von 1500 bis 3000 Meter im Segelflug ausnützen. Über dem großen Afrikanischen Graben, oft nur 650 Meter über dem Meeresspiegel gelegen, steigert sich diese Lufthöhe noch. Am späten Nachmittag und am Abend werden die warmen Aufwinde in der Nähe des Erdbodens seltener und schwächer und hören schließlich ganz auf. Aber weiter oben, dicht am Wolkenuntergrund, bleibt die Aufströmung oft noch bis spät am Abend wirksam und, dem Aussehen der Wolken nach zu schließen, mitunter sogar bis in die Nacht hinein.

Schwieriger wird es bei Regenwolken. Die kurze Regenzeit von November bis Dezember bringt häufige örtliche Schauer. Das Regengebiet ist im allgemeinen zwar recht begrenzt, im Durchschnitt auf fünf Kilometer, doch das Anwachsen der Haufenwolken verringert die Aufwärtsströme ringsum. Während des Regens sinken die Wolken noch tiefer herab. Dabei herrscht am Rand der Regenwolke für gewöhnlich starker Aufwind, der auch von den Geiern ausgiebig genutzt wird. Die Möglichkeiten zum Gleitflug verringern sich jedoch ansonsten mit dem Beginn des Regens. Die großen »toten« Bezirke, die sich in der Nähe der Regenwolken entwickeln, sind im Gleitflug wegen der geringen Höhe unter den Wolken schwer zu durchqueren. Der Regen selbst bildet ein Hindernis, das man umfliegen muß. Die Regenzeit bringt also nicht nur Schwierigkeiten für Segelflieger, sondern auch für die Geier mit sich. Allerdings gibt es nur wenige Tage im Jahr, an denen Vögel nicht wenigstens ein bis zwei Stunden im Segelflug in der Luft bleiben können. Nur wenn es – was ganz selten vorkommt – den ganzen Tag aus einer niedrigen, gleichmäßigen Wolkendecke regnet, halten sich die Geier am Boden auf.

Steigt die Luft in raschen Kreisen schraubenartig nach oben und zieht dabei Staub empor, entstehen die »Staubteufel«, in denen ein Auftrieb von fünf Metern in der Sekunde erreicht werden kann. Die Vögel vermögen diese »Staubteufel« wegen ihrer kleineren Kreise viel besser zu nutzen; besonders Geier schaffen es, genau in der auftriebsstärksten Mitte zu bleiben. Das Segelflugzeug steigt dagegen viel langsamer empor, weil es bei jedem Kreis immer wieder den Kern des »Staubteufels« verlassen muß.

Eines Tages bildete sich bei einem starken Grasfeuer in der Nähe von Seronera – im Herzen der Serengeti – ein starker Wirbelwind, der nur einige Meter Durchmesser hatte. Die Rauchsäule stieg bis zum Wolkenuntergrund empor, verschwand in 3800 Meter Höhe über dem Meeresspiegel (2300 Meter über dem Erdboden) in der Wolke und stieg weiter empor. Als das Segelflugzeug sie bei 4100 Meter verließ, hatte sie noch immer einen Auftrieb von vier Metern in der Sekunde. Bei Sonnenbestrahlung jedoch hören »Staubteufel« für gewöhnlich 300 bis 500 Meter über dem Erdboden auf. Wenn das Segelflugzeug drei Meter in der Sekunde in einem Aufwind emporsteigt, befindet es sich in einer üblichen afrikanischen Aufwärtsluftbewegung. Da die Maschine beim Kreisen etwa einen Meter in der Sekunde sinkt, muß also die Luft mit einer Geschwindigkeit von vier Metern in der Sekunde aufwärtssteigen, damit der Segler trotzdem hochkommt.

Wie gebrauchen die Geier nun ihre Flugkünste?

Zwei Arten – der Weißrückengeier und der Sperbergeier – sammeln sich gewöhnlich in großer Zahl bei toten Tieren an. Innerhalb weniger Stunden können sie zu Hunderten aus einem großen Einzugsgebiet zusammenkommen. Obwohl sie jeden Teil des toten Körpers verzehren, sind ihre langen, gekrümmten Hälse und rauhen Zungen besonders geeignet, weiche, schlüpfrige Teile aus dem Inneren herauszuholen.

Eine andere Gruppe dieser Greifvögel – Ohren- und Wollkopfgeier – ist meistens schnell da, wenn Futter anfällt, versammelt sich aber niemals in großer Menge, mag der tote Tierkörper noch so lange herumliegen. Diese Geier ziehen besonders die rauheren Teile vom Körper ab; sie töten auch gelegentlich kleine und hilflose Tiere.

Die dritte Gruppe umfaßt die Kappen- und Schmutzgeier. Diese Vögel sind viel kleiner als die anderen und haben schlankere, fast schwache Schnäbel. Sie picken die letzten Reste von einem toten Tier ab, die die anderen Geier und weiteren Aasfresser übriggelassen haben. Diese beiden Arten fliegen oft auch in Dörfer und Städte und suchen im Abfall herum.

Sperber- und Weißrückengeier kann man bei günstigem Wetter fast überall in der Luft segeln sehen. Meistens schweben sie zahlreich dort, wo gerade Huftiere weiden. Sie fliegen etwa hundert Kilometer weit von ihren Nestern weg, um Futter zu suchen. Colin Pennycuick hat einige von ihnen mehrfach bei diesen Flügen mit dem Segler begleitet. Die Durchschnittsgeschwindigkeit der Tiere betrug ohne Flügelschlag 47 km in der Stunde. Während des Morgens und am frühen Nachmittag sieht man sie mit leeren Kröpfen über den Herden segeln. Dabei steigen sie im Aufwind höchstens achthundert Meter über dem Erdboden. Nach etwa ein bzw. zwei Kilometern wechseln sie meist ihre Flugrichtung. Im Durchschnitt legen sie nun achtzehn Meter in der Sekunde oder weniger zurück; ihre Köpfe sind nach unten gerichtet. Bei starken und dicht nebeneinander liegenden Aufwinden vermeiden die Geier es, zu stark emporgetragen zu werden, indem sie die Füße herabhängen lassen und dadurch ihre Sinkgeschwindigkeit vergrößern.

Beim Verwerten toter Tiere stehen die Geier im Wettbewerb mit verschiedenen Vierfüßern, insbesondere den Gefleckten Hyänen – also mit sehr starken und angriffslustigen Tieren, welche die Geier von einem Mahl vertreiben und fernhalten können, bis sie selbst satt sind. Um sich neben ihnen zu behaupten, müssen die Geier möglichst vor den Hyänen bei den toten Tieren ankommen. Zweitens müssen sie sich, wenn sie brüten und Junge zu versorgen haben, ein viel größeres Gebiet zunutze machen als die Hyänen.

Hyänen wie Geier richten sich bei der Futtersuche nach Geiern, die plötzlich vom Himmel zur Erde herabfliegen. Die Hyänen galoppieren sofort auf die Stelle zu, wo die Geier herabgeflogen sind, auch wenn sie den Landepunkt nicht sehen können. Es ist nicht genau bekannt, welche Geschwindigkeit eine Hyäne über einige Kilometer durchhalten kann, es dürften jedoch höchstens 40 km je Stunde sein. Wenn ein Geier, wie Dr. Pennycuick in einem Fall aufgezeichnet hat, ein totes Tier aus einem Abstand von vier Kilometern entdeckt, kommt er drei Minuten später dort an (das entspricht 80 km je Stunde). Eine Hyäne würde dafür sechs Minuten brauchen. Auf diese Weise gewinnt der Geier also drei Minuten Zeit, um sich etwas einzuverleiben. Natürlich geschieht es

Bildunterschriften zu den Bildseiten 65–68

Seite 65
Das ist mein einsitziges Motorsegelflugzeug, das Dr. Pennycuick für seine bahnbrechenden Forschungen mit afrikanischen Geiern benutzt hat. Segelflugzeuge haben den großen Vorteil, daß sie langsam und lautlos sind und auf diese Weise einigermaßen mit den segelnden Großvögeln Schritt halten können.

Seite 66
Wie viele Elefanten zählen Sie auf diesem Bild? Kleinflugzeuge haben den großen Vorteil, daß man einen besseren Überblick über die Zahl und den jeweiligen Aufenthalt der großen Herden von Steppentieren gewinnen kann. Außerdem lassen sich Wilddiebbanden aus der Luft besser entdecken, und man kann auch besser überprüfen, ob die Wildhüter an ihren entlegenen Außenposten sind und die Gegend überwachen. Deswegen haben wir aus der Sammlung »Hilfe für die bedrohte Tierwelt« schon etwa zwanzig (gebrauchte) Kleinflugzeuge in alle Gegenden der Welt gestiftet.

Seite 67
Der Schatten unseres Flugzeuges huscht hier über eine Herde von Gnus und Zebras in der Serengeti. Seitdem wir vor über zwei Jahrzehnten Kleinflugzeuge in die Nationalparks Afrikas eingeführt haben, hat sich deren Überwachung und Schutz sehr gewandelt.

Seite 68 oben links
Die Geier müssen noch warten, bis die Hyänen sich an dem toten Gnu sattgegessen haben und weggehen.

Seite 68 oben rechts
Sperbergeier beim gemeinsamen Beuteflug im Gebiet der Golfelsen.

Seite 68 unten links
Weil sie in der Luft segeln, entdecken Geier tote Tiere meist viel schneller als Hyänen, Löwen und andere erdgebundene Beutegreifer und kommen, wie hier, meist als erste an. Bei kleinen Tierleichen nutzt ihnen das, bei einem Elefanten jedoch wenig. Sie können die starke Haut nicht zerreißen, um an das schmackhafte Innere zu gelangen. Am ehesten können sie an den Augen und am After beginnen – im übrigen müssen sie warten, bis stärkere Aasesser eintreffen.

Seite 68 unten rechts
Um ein Straußenei aufbrechen zu können, braucht der Schmutzgeier ein Werkzeug. Vor etwa zwölf Jahren entdeckte man, daß er dazu einen Stein in den Schnabel nimmt, damit auf die Eischale einschlägt oder ihn aus der Luft darauf herabfallen läßt. Übrigens benutzen auch andere Tiere Werkzeuge – eine Fähigkeit, die man lange nur dem Menschen zugeschrieben hat.

Fortsetzung Seite 73

oft, daß die Hyänen nur ihrer Nase folgen und tote Tiere zuerst finden – besonders früh am Morgen, wenn die Geier noch nicht segeln können. Trotzdem sind die Geier vermutlich doch die meiste Zeit im Vorteil, und sie nutzen ihn aus, indem sie recht rasch essen.

Die Größe des Gebiets, das ein Geier von seinem Nest aus absucht, hängt davon ab, wie oft sein Jungtier gefüttert werden muß und wie schnell er das Land überfliegen kann. Nach älteren Beobachtungen (Houston) erhalten junge Geier nur einmal am Tag Nahrung; Vater und Mutter sind nie zusammen auf Beutejagd, einer bleibt immer am Nest. Bei einer Geschwindigkeit von durchschnittlich 45 km in der Stunde muß ein Geier, dessen Nest sich an den Golfelsen befindet, rund 140 km fliegen, also gut drei Stunden, wenn die großen Gnuherden etwa im westlichen Korridor oder am Marafluß des Serengeti-Nationalparks stehen. Findet er dort ohne Schwierigkeit Nahrung, kann der Vater sich diese frühestens um 10 Uhr vormittags einverleibt haben und gegen 13.15 Uhr zum Nest zurückkommen. Fliegt die Mutter dann sofort ab, kommt sie etwa um 16.30 Uhr bei den Herden an, kann dort auf Nahrungssuche gehen und übernachten. Für gewöhnlich müssen nistende Sperbergeier jedoch nicht so weite Strecken zurücklegen. Diejenigen, die ihre Nester an den Golfelsen haben, ziehen ihre Jungen während der langen Regenzeit auf, wenn die Gnus zumeist in einem Umkreis von 60 km leben. Wenn also fünf Stunden Flugzeit am Tag nötig sind – je zweieinhalb hin und zurück –, bleiben noch

Bildunterschriften zu den Bildseiten 69–72

Seite 69
Der keilförmige, riesige Schnabel des Marabus dient nicht zum Zerkleinern von Fleisch; er hackt damit vielmehr die Bauchdecke toter Tiere auf. Für das Eindringen in Tierleichen ist es vorteilhaft, daß der Kopf – wie bei den Geiern – fast nackt und nur spärlich mit Daunen bedeckt ist.

Seite 70/71
In einer endlosen Reihe gehen hier die Zebras durch den flachen und in manchen Jahren ganz ausgetrockneten Ndutu-See in der Serengeti. Ihre Fohlen folgen ihnen. Als in einem Jahr der See während der Regenzeit um gut eineinhalb Meter angestiegen war, mußten die Tiere schwimmen. Dabei ertranken viele der Jungtiere, die erst wenige Tage alt waren. Die Bäume am Ufer waren anschließend voll von toten Zebrafohlen – Leoparden hatten sie am Ufer eingesammelt und in die Wipfel getragen. Solche Unglücksfälle gehören, ebenso wie Seuchen und Beutegreifer, zum Ablauf der Natur, die kein Paradies ist. Andernfalls wären die Steppen und Wälder Afrikas bald völlig übervölkert.

Seite 72 oben
Die Zebramutter hat eben ein Fohlen zur Welt gebracht – ihre Hinterbeine sind noch ganz blutig. Bald nach der Geburt bemüht sich das Fohlen, auf die eigenen Beine zu kommen, zu laufen und der Mutter zu folgen. Andernfalls wird es bald Beutegreifern zum Opfer fallen.

Seite 72 unten
Dieses kleine Zebra ist von einem Löwen angefallen worden, der ihm ein Stück Haut am Schenkel heruntergerissen hat. Dank der Hilfe der Mutter ist es jedoch entkommen. Aber es wird zeitlebens eine große Narbe behalten.

weitere sieben Tagesstunden, um Futter zu suchen und aufzunehmen. Bei gutem Wetter erlauben fünf Flugstunden etwa 110 km Abstand vom Nest – das entspricht der Entfernung, die ein Wiesbadener beispielsweise zurücklegen müßte, um seine Nahrung in Würzburg zu holen.

Hyänen haben übrigens auch ihre Sorgen, wenn sie Junge aufziehen und dabei von wandernden Huftierherden abhängig sind. Die Hyänenkinder sind bei der Geburt hilflos und können im ersten Lebensjahr nicht weit laufen. Die Mutter, die auf Futtersuche geht, kommt nur in Abständen, um die Jungen saugen zu lassen. Der Säugetierkundler Hans Kruuk hat festgestellt, daß eine säugende Hyäne ihre Kinder manchmal über eine Woche allein läßt, wenn sie erst mehr als fünfzig Kilometer vom Bau entfernt Nahrung erbeuten kann. Der äußerste Abstand des Futtersuchgebietes von einem Bau mit Jungen dürfte also dreißig bis fünfzig Kilometer betragen. Eine größere Entfernung sichert den Geiern einen erheblichen Wettbewerbsvorteil, der sich nicht nur aus ihrer größeren Durchschnittsgeschwindigkeit, sondern auch aus dem geringeren Kraftaufwand ergibt. Sie segeln, die Hyäne aber muß laufen.

Schmutzgeier
(Neophron
percnopterus)

Wollkopfgeier
(Trigonoceps
occipitalis)

Ohrengeier
(Torgos
tracheliotus)

Sperbergeier
(Gyps
rueppellii)

Weißrückengeier
(Gyps
africanus)

Kappengeier
(Necrosyrtes
monachus)

Drei Jahre lang beobachtete Dr. Pennycuick während der Brutzeit im Abstand von zwei Wochen alle Geiernester von der Luft aus. Insgesamt fanden sich im Serengetigebiet – teils innerhalb, teils außerhalb des Nationalparks – auf einer Fläche, die etwa dreimal so groß ist wie der Bodensee, achtunddreißig benutzte Nester, also Brutpaare auf 43,1 km². Aus 57,4 v. H. der Eier schlüpften Jungvögel, und von diesen überlebten 75 v. H. bis zum Flüggewerden. Nur 43,1 v. H. der Eier ergaben demzufolge einen neuen flugfähigen Geier. Von einem der noch nicht flüggen Jungen wurde bekannt, daß ihn ein Leopard getötet hatte. Die Todesursache der übrigen ist nicht festgestellt, aber viele sind wohl durch Raubadler umgekommen. Drei erwachsene Geier wurden auf dem Nest getötet; durch wen, konnte nicht ermittelt werden.

In achtzehn Nestern wurden die Nahrungsreste untersucht. Jedes Nest war mit Überresten von Gazellenhäuten gepolstert. Ebenso fand man Hufe, Knochen und sogar Hörner von Gazellen, daneben Überreste von einer Vielzahl anderer Tiere, aber dies nur als gelegentliches Beiwerk. Die häufigste Beute nach den Gazellen war der Goldschakal, von dem Überreste in sieben Nestern gefunden wurden. Zumindest in dieser Gegend ernähren sich die Geier also überwiegend von Gazellen.

Nester in der Nähe des Lemuta-Wasserbohrloches wiesen auch Überreste von Massai-Hausrindern auf. Alle diese Untersuchungen beziehen sich auf den Ohrengeier mit seinem nackten, faltigen, purpurroten Kopf. Die Nester dieser Geier, die sehr groß und dunkelbraun sind, befanden sich in Bäumen, vor allem in Akazien, im Durchschnitt 6,3 Meter über der Erde. Vierundzwanzig Nester des viel kleineren Weißrückengeiers am Seronerafluß lagen dagegen im Durchschnitt 17,8 Meter über der Erde. Die Ohrengeier benutzten in vierzehn von fünfundzwanzig Fällen dasselbe Nest nochmals. In den anderen elf Fällen wurde ein völlig neues Nest gebaut.

Der Wollkopfgeier, der dem Ohrengeier im Nestbau und in seinen Lebensgewohnheiten sehr ähnelt, hatte im Beobachtungsgebiet nur ein Zehntel soviel Nester wie dieser, d. h. auf 409 km² kam nur ein Nestpaar. Warum nur so wenig dort leben, ist unbekannt; aber Zufallsbeobachtungen in anderen Gegenden lassen vermuten, daß es dort ebenso ist.

Die Ohrengeier brüten später als die Sperbergeier, die ihre Jungen im März bis Mai aufziehen, wenn viele Gnus auf den Ebenen ringsum weiden. Die Brutdauer der Ohrengeier beträgt etwa fünfundfünfzig, die Zeit bis zum Flüggewerden weitere hundert Tage. Wann das Flüggewerden zu Ende war, ließ sich bei der Beobachtung nicht bestimmen, da manche Jungvögel das Nest, auch nachdem sie fliegen konnten, noch aufsuchten, manchmal sogar mehrere Monate lang.

Wenn Sperber- oder Weißrückengeier über Land segeln, schließen sie sich anderen Geiern (oder dem Segelflugzeug) an, die bereits in einer aufsteigenden Luftströmung kreisen. Überhaupt finden alle »segelfliegenden« Vögel auf diese Weise leichter solche Aufwinde. So sammeln sich in aufsteigenden Lüften gemischte Scharen an. Nicht selten kreisen fünfzig Geier zusammen – besonders nachdem sie einen Beuteplatz oder eine Badestelle verlassen haben. Die Geier bilden jedoch keine Herde im eigentlichen Sinne; sie verlassen die Luftströmung meist einzeln in verschiedenen Richtungen und in unterschiedlichen Höhen. Nur manchmal schließen sie sich in einer Höhe von über hundert Metern in Gruppen bis zu acht Vögeln zusammen, fliegen gemeinsam zu den Brutfelsen, wenden und kehren dann um. Flog das Segelflugzeug langsam genug den Felsen entlang (unter neunzehn Meter je Sekunde), so schlossen sich ihm die Geier mitunter an. Am liebsten flogen sie dabei unmittelbar hinter oder über einem Flügelende (beim Kreisen an dem inneren Flügelende) oder einfach an einer Seite des Schwanzes. Gelegentlich segelte einer genau über dem Führersitz und kam bis auf einen Meter heran. Des öfteren glitten bis zu fünf Geier, gefolgt von weiteren, dicht hinter dem Schwanz. Als Colin Pennycuick eines Tages in einem Luftstrom über dem Hauptbrutgebiet der Weißrückengeier kreiste, schlossen sich achtzehn dieser Vögel gemeinsam dem Flugzeug an und stiegen mit ihm auf 2740 Meter Höhe über dem Meeresspiegel empor. Erst dann teilten sie sich in kleinere Gruppen auf, von denen einige weiterhin bei dem Flugzeug blieben.

Die Futtersuche beim Ohrengeier verläuft ganz ähnlich, nur daß diese Vögel öfter in Paaren fliegen. Ihre Nester liegen einzeln, auf Baumspitzen, im Gegensatz zu den Nestansammlungen der Sperber- und Weißrückengeier. Mit dem Segelflugzeug sind sie viel schwerer zu begleiten, da sie viel niedriger fliegen. Offensichtlich haben sie einen begrenzten Eigenbezirk und folgen den wandernden Huftierherden nicht wie die beiden anderen Arten. Oft sieht man Ohrengeier in der Luft miteinander kämpfen. Einmal beobachtete Pennycuick zwei, die sich in einem Aufwind herumschlugen, sich dabei im Flug halb umkehrten und herumtaumelten. Sie trieben das neun Minuten lang. Hans Kruuk sah die Ohrengeier, obwohl ihre Zahl erheblich geringer ist, oft als erste bei einem toten Tier ankommen. Offensichtlich suchen sie selbst die Erde nach Nahrung ab, während die beiden großen Geierarten überwiegend auf andere Geier achten, die Beute anfliegen. Im allgemeinen sieht man den Ohrengeier wegen seiner ungemein großen Flügel als die größte der afrikanischen Geierarten an; tatsächlich jedoch ist er erheblich leichter als der Sperbergeier.

Die Wollkopfgeier, die noch seltener sind als die Ohrengeier, wurden von Pennycuick nur gelegentlich im Flug angetroffen. Offensichtlich ist ihre Fähigkeit, Beute zu entdecken, besonders ausgeprägt, denn Hans Kruuk hat beobachtet, daß in mehr als der Hälfte der Fälle der Wollkopfgeier als erster ankommt, obwohl er zahlenmäßig nur drei v. H. der gesamten Geierzahl in der Gegend ausmacht. Auch er nistet einzeln in Bäumen.

Kappengeier und Schmutzgeier sind nicht nur erheblich kleiner, sondern fliegen auch langsamer. Sie können dadurch zwar in Aufwinden besser aufsteigen, haben aber beim Zurücklegen weiter Strecken größere Schwierigkeiten. Sie sind daher mit dem Segelflieger schwer zu verfolgen. Diese beiden Geierarten, obwohl überall im Serengetigebiet anzutreffen, finden sich überwiegend an Plätzen ein, die von Menschen bewohnt werden. Sie sitzen dort in den Bäumen oder segeln während des Tages in der Luft, um sich dann über Abfälle herzumachen.

Vor langen Jahren hatte in Kenia, damals noch britische Kolonie, Mervin Cowie, der Direktor der »Königlichen Nationalparks«, auf Wunsch der Bevölkerung Hyänen vergiften müssen. Eines Morgens lagen achtundsiebzig tote Tiere da, und das ging tagelang so weiter. Dadurch wurden Unmengen von Geiern angelockt. Cowie konnte nun beobachten, wie diese zu sterben verstehen. Verspürte ein Geier die Wirkung des Giftes, flog er auf und segelte mit ausgebreiteten Schwingen in Spiralen immer weiter empor, bis man ihn ohne Feldstecher gar nicht mehr erblicken konnte. Sobald ihn der Tod überkam, fiel er wie ein Stein herunter. Hunderte starben auf diese Weise. Cowie und seine Mitarbeiter mußten sich gegen die toten Geier schützen, die alle Augenblicke vom Himmel herunterstürzten.

Ähnliches ereignete sich vor ein paar Jahren im Serengeti-Nationalpark. Wildhüter hatten Vögel beobachtet, die in der Luft kreisten. Als sie zu der betreffenden Stelle vordrangen, lag eine kleine Menge Fleisch auf der Erde, umstanden von etwa zehn Marabustörchen. Sowie der Wagen nahekam, stürzten sich fünf davon sofort auf das Fleisch und begannen es zu verzehren. Die Wildhüter waren überrascht, daß diese fünf Störche sofort umfielen und unmittelbar am Wagen starben. Proben des Fleisches wurden zum Serengeti Research Institute gebracht: Es war mit Zyankali vergiftet. Wie sich herausstellte, erhalten Angehörige des Wakuia-Stammes das Gift von einer nicht weit entfernten Goldmine. Sie benutzten es, um Raubvögel zu töten, deren Federn sie für ihre Pfeile benutzen. Die Vögel sterben innerhalb von drei bis fünf Minuten.

Dr. Pennycuick verwendete meinen Motorsegelflieger auch dazu, andere größere Vögel zu beobachten. Gaukler-Adler nutzten vielfach Aufwinde einzeln oder in Paaren zum Segelflug. Für gewöhnlich stiegen sie viel rascher als Geier, und zwar bis zum Untergrund der Wolken. Das ist ungewöhnlich, da sie sonst 30 bis 50 Meter über dem Erdboden dahingleiten, um Beute zu machen. Vielleicht sind sie nur so hoch emporgestiegen, um dann im Gleitflug in anderer Richtung herabzuschweben. Auch Kopfadler wurden, in Aufwinden kreisend, bis zur Wolkendecke angetroffen, ebenso Wahlbergadler, der Schakalbussard und der Sekretär.

Viele Tausende von Hausstörchen verbringen den nordischen Winter in Ostafrika, und einige bleiben das ganze Jahr hier. Genau wie die Geier und die Greifvögel nutzen sie oft Aufwinde zum Segelflug, aber sie tun das in ganz anderer Art. Hausstörche wandern in sehr großen Scharen von oft zweihundert bis fünfhundert Tieren. Wenn sie geradewegs zwischen zwei Aufwindströmungen fliegen, halten die Einzeltiere innerhalb einer Schar einige Meter Abstand, so daß der Schwarm sich über zwei- bis dreihundert Meter ausbreitet. Sobald eine Gruppe in einen Aufwind gerät und sich über die übrigen zu erheben beginnt, fliegen die anderen sofort auf sie zu. Falls der Aufwind stark genug ist, drängen sich bald alle Störche zu einer Säule zusammen, die genau im Mittelpunkt der Luftströmung kreist. Dabei sind sie viel besser aufeinander abgestimmt als etwa Geier. Die Einzeltiere können immerhin in verschieden gerichteten Kreisen fliegen und werden zudem von Luftströmungen schneller emporgetragen als die Geier. Sie fliegen gewöhnlich dicht unter den Wolken oder sogar schon ein wenig darin. Mitunter aber verschwinden sie, noch immer kreisend, in einer Wolke.

Jene Störche, die über die algerische Sahara wandern, haben eine neue Verwendung für das »überflüssige« Gas gefunden, das bei den Ölfeldern abgebrannt wird. Alan Bramley hat beobachtet, wie Weißstörche, die für gewöhnlich am Tag fliegen, das jetzt auch in der Nacht tun. Sie machen sich dabei die Warmluftströme zunutze, die beim Abbrennen des unerwünschten Gases aus den 60 Meter hohen Schornsteinen steigen. Wohlbeleuchtet durch die wogenden Flammen, fliegen die Störche in etwa zwanzig Meter Höhe darüber und lassen sich von der Warmluft ohne Anstrengung emportragen. Auf diese Weise flogen in einer Nacht über achttausend Störche nach Norden. Dieser Wechsel im Verhalten der Störche ist sehr bemerkenswert, denn bisher hat man noch nie größere Störchenflüge in den kalten Wüstennächten festgestellt. Seit Schornsteine zum Abbrennen des Gases in Abständen von etwa fünf Kilometern über die ganze algerische Sahara verstreut sind, ist es den Störchen also leicht gemacht worden.

Auch Segelflugzeuge lassen sich oft in Haufenwolken emportragen, nicht selten tausend Meter oder noch mehr über die untere Grenzfläche der Wolke. Das bringt beim Überlandfliegen Vorteile, da die Strömung in einer wohlentwickelten Haufenwolke oft stärker ist als unterhalb. Die zusätzliche Höhe vergrößert die Aussicht, bis zur nächsten starken Aufwärtsluftsäule schräg abwärtsgleiten zu können.

Es ist nicht ganz geklärt, ob Weißstörche auch so hoch in die Wolken fliegen. Die Frage wäre dann, wie sie ohne Kompaß, der dem Segelflugzeug zur Verfügung steht, die Richtung und ihre Flugordnung einhalten. Wahrscheinlich ist, daß die Störche nur so hoch in den Wolken steigen, daß sie die Erde darunter noch sehen können.

Der Marabu ist ein Storch, der teilweise die Gewohnheiten eines Geiers angenommen hat. Obwohl man sie in der Serengeti häufig sieht, gibt es nur ein oder zwei Nester von ihnen im Norden. Etwa hundert Marabus wurden beobachtet, wie sie in einem Warmluftstrom etwa 3500 Meter über dem Meeresspiegel aufstiegen, sich dann aber in Gruppen auflösten. Bei anderen Gelegenheiten wurde eine Gruppe von etwa zwanzig Marabus mit dem Segelflugzeug vom kleinen Grasflugplatz in Seronera (Tansania) siebzehn Kilometer weit begleitet. Sie stiegen dabei von 2410 auf 3230 Meter Höhe. Außerdem wurden Abdim-Storch, Nimmersatt, Sattelstorch, Klaffschnabel, Wollhalsstorch und Heiliger Ibis beim Segelfliegen in warmen Luftströmen beobachtet.

Die Pelikangeschwader lösen sich meistens schon auf, wenn man nur bis auf zweihundert Meter mit dem Segelflugzeug an sie herankommt. Das zeigt, daß sie Angriffe durch Greifvögel zu fürchten haben. Nur einmal gelang es, einer Gruppe von etwa dreißig Pelikanen etwa zweieinhalb Stunden lang zu folgen. In dieser Zeit legten die Tiere 110 km zurück.

Geparden sterben aus, weil sie zu freundlich sind

Ein gelbschwarzer Blitz saust aus dem Gras empor. Ich habe lange gewartet und gedöst, und jetzt wird mir erst nach Sekunden klar: ein Gepard! Die Gazelle hatte gerade einen Augenblick den Kopf zum Grasen gesenkt – das hat er genutzt. Was für Sätze er macht! Das Opfer schlägt Haken, aber der federnde Jäger schneidet sie spielend ab. Er schießt mit einer Geschwindigkeit von mindestens 100 km/st dahin. Schon schlagen seine Vorderpranken auf den schlanken Rücken der Gazelle, schon wirft er sie um, schon packt er sie mit den Zähnen von unten an der Kehle. Aus!

Der Gepard ist der Inbegriff des blitzschnellen Beutegreifers. Zu uns Menschen aber ist er freundlich. Zu freundlich. Deswegen wird er jetzt wohl vom Erdboden verschwinden.

Schon vor über fünftausend Jahren haben die Menschen in Erfahrung gebracht, daß man Geparden, selbst ausgewachsene, leicht abrichten und sogar zur Jagd verwenden kann. Bei den anderen Großkatzen – den Leoparden, Tigern, Löwen, Jaguaren – ist das nicht möglich. Haben sich Geparden dagegen einmal Menschen angeschlossen, werden sie sie niemals töten. (Selbstverständlich ist das immer, wie bei allen Lebewesen, mit einem kleinen Vorbehalt zu verstehen – schließlich bringen auch Haushunde, Pferde und Kühe hie und da einen Menschen um.) Geparden sind so groß wie Leoparden, haben gleich diesen ein geflecktes Fell, und es macht schon großen Eindruck, wenn man mit einer solch gewaltigen Katze mit oder ohne Leine spazieren geht. Die meisten Leute verwechseln Geparden und Leoparden ohnehin; früher hat man Geparden fälschlich als »Jagdleoparden« bezeichnet.

Als der habsburgische Kaiser Leopold I. von Sultan Soliman 1689 zwei Geparden geschenkt bekam, ging er mit ihnen auf den Auen und im Wiener Wald zur Jagd. Der Gepard pflegte hinter dem Reiter auf der Kruppe zu sitzen, sprang von dort nach einem Reh und nachher mit einem großen Satz wieder auf das Pferd. Als ungarische Aufständische 1704 in die Kaiserliche Menagerie Neugebäude eindrangen, brachten sie alle Tiere um. Aus den Fellen der Geparden machten sie Husarenmützen.

Der berühmte Weltreisende Marco Polo (1254–1324) fand eintausend »Jagdleoparden« bei dem Mongolenherrscher Kublai-Khan. Ähnlich wie man es mit Jagdfalken

Bildunterschriften zu den Bildseiten 81–88

Seite 81
Ein Gepard hat seine Beute, eine Thomson-Gazelle, bei der Kehle gepackt und trägt es weg.

Seite 82 oben
Wenn mehrere Geparden gemeinsam hetzen, wie hier einen weiblichen Springbock, sind ihre Aussichten sehr viel besser. Nach spätestens dreihundert Metern müssen sie die Beute gepackt haben, denn schon nach zweihundert Metern läßt die Höchstgeschwindigkeit der Geparden nach.

Seite 82 unten
Hat der Gepard seine Beute erreicht, springt er ihr entweder auf den Rücken und wirft sie um, oder er packt sie gleich an der Kehle.

Seite 83
Ein Leopard schleppt mit großer Anstrengung eine erbeutete Gazelle hoch in den Baum empor, um seine Mahlzeit vor Hyänen und Löwen in Sicherheit zu bringen.

Seite 84/85
Findet man mehrere ausgewachsene Geparden in einer Gruppe zusammen, dann handelt es sich immer um männliche Tiere. Die Jungtiere bleiben sechzehn bis achtzehn Monate mit der Mutter zusammen, und Brüder trennen sich auch später nur dann, wenn sie um ein weibliches Tier werben.

Seite 86
Geparden sind die schnellsten Landsäugetiere – allerdings nur auf kurzen Strecken. Auf englischen Rennbahnen besiegten sie Windhunde ohne weiteres. Sie brachten es dort auf 75 km/st. In Freiheit aber, in Afrika, wurde schon eine Geschwindigkeit von 114 km/st gemessen.

Seite 87
Geparden sind gute Schwimmer. Als im Roten Meer eines dieser Tiere, das auf einem Dampfer nach Europa befördert werden sollte, aus seinem Behälter entkam und ins Wasser sprang, schwamm es ohne Schwierigkeiten dreißig Minuten in den Wogen, bis man es endlich wieder herausfischen konnte.

Seite 88 oben
Steppen- oder Anubis-Paviane ziehen häufig in riesigen Scharen durch die Gegend und weiden die Bäume ab.

Seite 88 unten
Auch wenn die Paviankinder längst selbst laufen können, ziehen sie es vor, sich von der Mutter tragen zu lassen, die das auch willig tut. Mal hängt der kleine Pavian unten am Bauch, mal reitet er auf Mutters Rücken.

macht, zog man den Tieren beim Jagen zunächst Hauben über den Kopf, so daß sie nichts sehen konnten. War eine Antilope in Sicht, nahm man dem Geparden schnell die Blende ab: Er sprang vom Pferd oder Elefanten, hetzte das Tier und hielt es fest, bis der Jäger kam, um es zu töten. Der Gepard wurde mit einem Stück Fleisch belohnt und bekam die Haube wieder aufgesetzt. Auf diese Weise dienten die Geparden schon 3000 v. Chr. den Sumerern als Jagdbegleiter, und noch viertausend Jahre später waren sie bei russischen Fürsten sowie in Syrien und Palästina sehr geschätzt. Sogar in den fünfziger Jahren dieses Jahrhunderts hielt in Indien der Maharadscha von Xolhapor neben dreihundert Jagdpferden noch vierzig Geparden. Jeder von ihnen hatte einen eigenen Pfleger, der obendrein bei ihm schlief. Allerdings fuhr dieser Maharadscha die Geparden im Auto zwanzig bis hundert Meter an die Beute heran, ehe er sie losließ.

Da diese »Jagdleoparden« sich in der Gefangenschaft so gut wie nie fortgepflanzt haben, wurden sie immer wieder in großen Mengen gefangen und schieden damit für die Vermehrung ihrer Art in freier Wildbahn aus. In Indien und im übrigen Asien waren sie daher bald ausgerottet, und die Maharadschas bezogen ihren Nachschub aus Ostafrika – genau wie die zoologischen Gärten. Die letzten drei indischen Geparden wurden 1952 nördlich von Bastar nachts erschossen, nachdem man sie mit Kunstlicht geblendet hatte. Als in Tunis ein Gepard zufällig von einem Auto überfahren wurde, war man überrascht: man hatte geglaubt, sie wären dort schon lange ausgerottet gewesen. Möglich, daß dieses Tier der allerletzte seiner Art war. Heute sollen in Asien noch einige Tiere in Turkmenien, in der Sowjetunion südlich des Aral-Sees, leben. Früher kamen sie in ganz Afrika mit Ausnahme der Regenwälder und der mittleren Sahara vor. Heute fristen sie meist nur noch in einigen der großen Naturschutzgebiete, in den Nationalparks, ihr Leben. In der Serengeti – einer Fläche so groß wie Hessen –, wo es noch die meisten geben soll, zählen sie im Augenblick nicht mehr als vierzig bis fünfzig. Man schätzt, daß in ganz Afrika wenigstens drei-, höchstens zehntausend leben. Deswegen kann es einen empören, wenn man hört, daß 1969 allein in die Vereinigten Staaten 3168 Gepardenfelle eingeführt wurden – und es verschafft einem Genugtuung, daß kürzlich ein Mann, der ein einziges Fell mit gefälschten Papieren einführen wollte, dafür 14 000 Mark Strafe zahlen mußte.

Bis vor kurzem wußten wir sehr wenig vom Leben der Geparden. Wie sich Wildtiere fortpflanzen, wie sie miteinander auskommen und wie lange sie leben, erfuhren wir ja früher immer nur aus zoologischen Gärten. Dort haben sich aber die Geparden, im Gegensatz zu fast allen anderen Wildkatzenarten, zunächst ebensowenig vermehrt wie bei den Maharadschas. Erst 1956 hat eine Gepardin im zoologischen Garten von Philadelphia Junge bekommen. In Deutschland kamen die ersten im Krefelder Zoo zur Welt, mußten aber in der Wohnung des Direktors mit einer Katzenamme großgezogen werden. Bis in die sechziger Jahre lebten Geparden in den zoologischen Gärten durchschnittlich nur etwa dreieinhalb Jahre. Inzwischen haben sie sich in mehreren Tiergärten in Europa und den USA fortgepflanzt. Der Tiergarten von San Diego zog z. B. in den letzten fünf Jahren immerhin zweiunddreißig dort geborene Junge auf. Im Frühjahr 1976 wurden im Tiergarten von Bredasdorp in Holland sogar Sechslinge geboren. Früher hatte man diese schnellen Großkatzen in den Zoos einfach paarweise in meist kleinen Abteilen oder Gehegen gehalten – genau wie Löwen, Tiger, Jaguare und Pumas, die sich dabei gut vermehrten. Bei Geparden jedoch geht das nicht. Daß wir jetzt mehr

Schon vor 5000 Jahren hat man Geparden gezähmt und zur Jagd abgerichtet, wie auch dieses Wandbild im Grabmal des Rekhmar in Theben zeigt.

darüber wissen, was sie zum Leben brauchen, ist einigen Forschern zu verdanken, vor allem dem Amerikaner George Schaller, der über drei Jahre mit seiner Familie in unserem Serengeti-Forschungsinstitut gelebt und sich dort besonders den Löwen gewidmet hat. Nebenbei hat er die Geparden ständig beobachtet und beispielsweise eine Gepardin mit zwei Jungen sechsundzwanzig Tage lang rund um die Uhr, die ganze Nacht hindurch, abwechselnd mit seiner Frau und seinem Assistenten, überwacht. Diese Geparden töteten in dieser Zeit vierundzwanzig Thomson-Gazellen und einen Hasen. R. McLaughlin hat erlebt, daß eine Gepardin von fünfundzwanzig Jagdbeuten drei verlor – eine an eine Hyäne, zwei an Löwen. Rund zwölf v. H. der Gepardenrisse landen in anderen Mägen.

Geparden haben einen viel kleineren Kopf als etwa Leoparden, ihre Reißzähne sind kürzer und schwächer als bei anderen Großkatzen. Sie können, sobald sie mehr als fünfzehn Wochen alt sind, auch ihre Krallen nicht mehr einziehen wie die übrigen Katzen. Die Krallen werden vom Laufen stumpf, und die Tiere vermögen ihre Beute nicht mehr festzuhalten oder zu Boden zu reißen. Ein Gepard, der vor achtzehn Jahren regelmäßig in einen Hühnergarten in einer Vorstadt von Nairobi eindrang und Geflügel umbrachte, wurde ohne Mühe von einer Dänischen Dogge getötet. Ohnehin fand man damals in den Anlagen mitten in der Stadt gelegentlich einen schlafenden Geparden.

Wie aber können sie angesichts solcher Nachteile überhaupt Beute machen? Das Geheimnis ist ihre Schnelligkeit und Geschicklichkeit. Hochbeinig, schmal und schlank gebaut, haben zahme Geparden schon Windhunde bei Rennen in England besiegt. Dabei wurde eine Geschwindigkeit von 72 km/st gemessen, aber es handelte sich um gefangengehaltene Tiere, die sicher nicht mustergültig in Schuß und im Laufen nicht besonders geübt waren. In Freiheit können sie nachweisbar 112 km/st erreichen. Ein weiterer Vorteil: Geparden schlagen ebenso geschickt Haken wie die Hasen und Gazellen, denen sie nachsausen. George Schaller, der so freundlich war, mir sein Buch über diese Forschungen zu widmen (Unter Löwen in der Serengeti), hat ermittelt, daß in der Serengeti die kleinen Thomson-Gazellen immerhin 91 v. H. der Beute der Geparden ausmachen.

Ein einzeln jagender Gepard wagt sich niemals an ein Tier heran, das schwerer ist als er selbst (ein Gepard wiegt zwischen 45 und 60 Kilogramm). Er pirscht sich an sein Opfer bis auf zwanzig, wenigstens bis auf hundert Meter heran und springt dann plötzlich auf. Hat er das flüchtende Tier eingeholt, springt er es meist seitwärts an, wirft es um, packt es von unten an der Kehle und erstickt es durch Kehlbiß. Leoparden, Löwen und Tiger töten nur bei sehr großen Beutetieren auf diese Weise. Bis das Opfer erdrosselt ist, können fünf bis zwanzig Minuten vergehen. Das klingt grausamer als es ist, denn unter der Schockwirkung empfindet das gepackte Tier weder Schmerz noch Angst. Als Beute sucht sich der Gepard immer die schwächsten Tiere aus – Kitze oder in einer Herde von acht männlichen Gazellen das einzige Weibchen. Von einunddreißig Jagdrissen auf kleine Kitze, die Schaller beobachtete, waren alle erfolgreich, bei größeren Jungen und Erwachsenen aber glückten von sechsundfünfzig Angriffen nur dreißig. Der Haupttrick ist die Überrumpelung. Der Gepard springt los, wenn seine Beute gerade den Kopf zum Weiden zur Erde senkt oder wegschaut. Spätestens nach dreihundert Metern muß er sie gepackt haben, denn schon nach zweihundert Metern läßt die Geschwindigkeit des Geparden, dieses schnellsten Landsäugetieres der Welt, sichtlich nach. Einer dieser Jäger, der sich besonders angestrengt hatte, keuchte anschließend neunzehn Minuten lang!

Bei der Nahrungssuche sind die Geparden zwischen drei und vier Stunden am Tag unterwegs und legen etwa vier Kilometer zurück. Ihr Schlafbedürfnis kennt man nur aus dem Zoo. In Frankfurt pflegten sie zwischen drei und fünfzehn Stunden, im Durchschnitt neuneinhalb Stunden zu schlafen.

Ein Gepard mit einem Gewicht von fünfundvierzig Kilo kann bis zu zwölfeinhalb Kilo Fleisch auf einmal verzehren. Hätten wir Menschen einen ähnlich dehnbaren Magen, dann würden wir dementsprechend zwanzig Kilo auf einmal schaffen... Im Durchschnitt aber tötet ein Gepard täglich nur etwa zehn Kilo Beute. Nur in der Trockenzeit, wenn alle Tiere immer wieder an die Wasserstellen kommen müssen, reißt er dreimal soviel Beute wie in der Regenzeit. Rücken ihm Hyänen, Leoparden oder Löwen zu nahe, läßt der Gepard seine Mahlzeit widerstandslos im Stich. Denn da er nur auf ganz schrägstehende Bäume steigen kann, vermag er sie, im Gegensatz zu Leoparden, auf diese Weise nicht in Sicherheit zu bringen. In besseren Zeiten hat man noch große Gruppen von Geparden zusammen gesehen; einmal waren es siebenundvierzig. Diese Gruppen können nur aus Männchen bestehen oder gemischt sein. Niemals aber sind es reine Weiber-Ansammlungen, denn die vertragen sich nicht. In der Gruppe bringen die schnellen Greifkatzen auch Zebras, Gnus und große Antilopen um.

Joy Adamson, die im Januar 1980 in ihrem Lager in der Wildnis ermordet worden ist, hat nicht nur die berühmte Löwin Elsa und andere Löwen, sondern auch eine zahme Gepardin wieder an das Leben in der Freiheit gewöhnt. (Joy Adamson war übrigens ursprünglich Deutsche und erst durch ihre Heirat zu einer, ich möchte fast sagen, Muster-Engländerin geworden.)

Die Gepardin lebte in Joy Adamsons Zelt im Meru-Nationalpark in Nordkenia; sie konnte herumlaufen und wegbleiben, so oft sie wollte. Dabei paarte sie sich mit einem männlichen Tier in der Wildnis. Eines Tages sah man ihr an, daß sie kurz vor der Geburt stand. Sie ging weg und ließ sich nicht mehr blicken. Erst am siebten Tag kam sie zurück und ließ sich füttern, gab aber deutlich zu verstehen, daß ihr Joys Mitarbeiter nicht zu den Jungen folgen sollte. Sie legte sich einfach hin, lief nicht weiter und wartete, bis er wegging. Erst Joy Adamson, die in London gewesen war, durfte ihr am zehnten Tag eine halbe Stunde lang durchs Gebüsch folgen. Ja, die Gepardin wartete sogar auf sie, als sie sich hinsetzte, um Dornen aus den Sandalen herauszuziehen.

Später stellte sich heraus, daß das Tier seine Betreuerin auf einem großen Umweg zu den Kindern geführt hatte. Bei weiteren Besuchen ließ sie ihren Nachwuchs sogar in der Obhut von Joy Adamson und ging selbst auf Jagd. Die Gepardin schnurrte in ihrer Anwesenheit und leckte ihr die Hand. Sie hat noch mehrmals in Freiheit Junge bekommen, blieb aber immer in freundlicher Beziehung zu Joy.

Die Kleinen konnten vom elften Tag an sehen und mit drei Wochen schon ganz gut laufen. Anfangs hatten sie eine Rückenmähne, die sich wie bei allen Geparden später verlor. Eine richtige Kinderstube besaßen sie niemals. Im Gegenteil: Ihre Mutter trug sie vom neunten Lebenstag an fast täglich an eine andere Stelle, bis zweihundert Meter weiter, und legte sie wieder unter einen Busch. Das ging so, bis sie sechs Wochen alt waren. Wahrscheinlich hat die Gepardin das getan, um das Lager stets sauber zu halten und eine starke Vermehrung von Schmarotzern zu verhindern. Insgesamt hatten die Tiere vierundzwanzig Kinderstuben! Wenn die Mutter die Beute heranbrachte, saßen sie regungslos da, bis die Alte sich satt gegessen hatte und sie zur Teilnahme an der Mahlzeit aufforderte. Die Mutter ruft übrigens ihre Kinder mit einem seltsamen, hellen, wie Vogelzwitschern klingenden Laut herbei, den sie sonst niemals hören läßt. Im Grunde genommen sind sie zurückhaltend, auch wenn sie aus Freundschaft schnurren, was von den anderen Großkatzen nur der Puma auch kann. Gelegentlich lecken sie sich gegenseitig oder reiben ihre Köpfe zärtlich aneinander, wie das bei Katzen üblich ist.

In den ersten sechs Lebensmonaten verschwindet die Hälfte der Gepardenkinder. Selbst Adler greifen sie von der Luft her. Die übrigen bleiben zwischen vierzehn und achtzehn Monaten bei ihrer Mutter; vom vierten Monat an bringt sie ihnen gelegentlich ein noch lebendes Gazellenkitz und läßt es laufen, damit sich die Jungen im Jagen üben können. Sind es männliche Tiere, bleiben sie auch nach der Trennung von der Mutter noch lange zusammen, manchmal zeitlebens. Die Mutter wird bald wieder brünstig, wenn sie in die Nähe anderer Geparden-Männer kommt und läßt sich meistens mit mehreren nacheinander ein. In den zoologischen Gärten wurden die Weibchen deshalb lange nicht heiß, weil man sie jahrein, jahraus mit einem Geparden-Mann hielt. Jetzt bringt man sie getrennt unter und läßt sie nur gelegentlich einmal mit einem Männchen zusammen, das sonst seine Behausung weitab von ihr hat.

Geparden leben nur etwa ein Fünftel so lange wie Menschen. Unlängst starb einer im Zoo Krefeld mit sechzehn Jahren – das entspricht achtzig Jahren beim Menschen. Die Gepardin Cheetah, die mich gelegentlich im Fernsehen begleitet hat, war auch mindestens fünfzehn Jahre alt. Ein Vorgänger von ihr durfte manchmal mit mir im Kraftwagen fahren, was er leidenschaftlich gern tat. Er liebte es auch, in meinem Arbeitszimmer am Schreibtisch zu liegen. Er war in Afrika von einem Farmer mit der Flasche großgezogen worden und war deswegen auf Menschen bezogen. Mit anderen Geparden wollte er kaum etwas zu tun haben. Wer sich einen Geparden anschafft, um ihn beim Spazierengehen an der Leine zu führen und andere Leute tief zu beeindrucken, ist meistens enttäuscht. Geparden sind keine Haustiere, sondern haben einen recht eigenwilligen Kopf. Es kann durchaus geschehen, daß so ein gefleckter Begleiter sich plötzlich mitten auf einer Hauptstraße hinlegt und weder mit Schimpfen noch mit guten Worten, und schon gar nicht mit Schlägen zum Weitergehen zu bewegen ist. Dann steht der Besitzer recht hilflos da und muß mancherlei Witze der Zuschauer über sich ergehen lassen. Trotzdem scheint das für manche Leute ein großer Reiz zu sein. 1969 brach ein Neunzehnjähriger in Alpirsbach im Schwarzwald in eine Bank ein, raubte 22 000 Mark – um sich dann für 8000 Mark einen jungen Geparden zu kaufen. Doch als er ihn in dem Nachbarstädtchen spazieren führte, wurde er festgenommen.

Zwischen Krokodilen, Flußpferden und Riesenschlangen

Ganz im Gegensatz zu unserem vielbesungenen Nationalstrom, dem weitgehend in eine stinkende Kloakenrinne verwandelten Rhein, sind Afrikas Flüsse voller Leben. Nur können wir es nicht sehen, da fast alle Flüsse des Schwarzen Erdteils trübe sind – mit einer großen Ausnahme. Und die haben wir zum Beobachten und zum Filmen reichlich genutzt.

Inmitten des Tsavo-Nationalparks von Kenia liegt eine ungewöhnliche Quelle, die Mzima-Quelle. Mächtig wie ein Fluß springt sie aus der Erde – fünf Millionen Liter Wasser in der Stunde. Daß sie klar ist wie Kristall, hat seine besonderen Ursachen. Dreizehnhundert Meter über der flachen Tsavosteppe erheben sich die Chiulu-Berge, Vulkane neueren Ursprungs, die aufgrund ihrer Höhe viermal soviel Wolken und Regen einfangen wie das Land zu ihren Füßen. Aber kein Bach läuft an ihren Abhängen herab, es gibt keine Gebirgsseen. Denn diese gewaltigen Berge sind im Grunde genommen Aschenhaufen. Bei jedem Vulkanausbruch haben sich immer neue Schichten grobkörniger Lava aufeinander gelagert, und jeder Regentropfen, der in diesen Bergen fällt, wird von der Lava wie von einem Schwamm aufgesaugt. Das Wasser sickert immer tiefer, bis es auf felsigen Untergrund stößt. Dreißig Kilometer von den Bergen entfernt kommt es im Flachland klar gefiltert wieder zum Vorschein, bildet zuerst kleine Seen, dann einen Flußlauf, um nach ein paar Kilometern erneut in der Erde zu verschwinden.

Vor dreißig Jahren wollte die englische Kolonieverwaltung den Fluß schon von seiner Quelle an unterirdisch kanalisieren und in die Wasserleitungen der Hafenstadt Mombasa leiten. Daß dies verhindert wurde, ist dem letzten britischen Nationalpark-Direktor, Mervin Cowie, zu verdanken, der seine Vorgesetzten mutig öffentlich angriff. So hat man sich seinerzeit damit begnügt, das Wasser erst zu kanalisieren, nachdem es offen durch die Landschaft geströmt ist.

Der Fluß verwandelt nämlich das schmale Stück Erde, das er durchfließt, in eine regelrechte Oase und schafft völlig anderes Leben. Zum Beispiel ist hier eine ständige Tränkstelle. Zebras kommen, um ihren Durst zu löschen, und Paviane, die den Zebras als Gefährten beim Trinken wegen ihrer Wachsamkeit durchaus erwünscht sind. Sie schreien, sobald Gefahr im Anzug ist. Und die gibt es immer. Im Wasser droht sie von Krokodilen und an Land von mancherlei Greiftieren.

Trinken ist also eine höchst gefährliche Sache. Die Warzenschweine stillen deshalb ihren Durst nur dort, wo das Wasser flach und die Bedrohung durch Krokodile nicht so groß ist. Anders die Elefanten: sie brauchen Krokodile nicht zu fürchten und gehen sogar ins tiefere Wasser. Es ist schon geschehen, daß ein Krokodil sich in einen Elefantenrüssel verbissen hat, den es unter Wasser wohl nicht erkannt hatte – es flog in hohem Bogen über den Kopf des Elefanten an Land! Aber das ist die Ausnahme. Krokodile und Flußpferde lassen ansonsten nicht mit sich spaßen. Vor ein paar Jahren wurde beispielsweise der leichtsinnige Sohn eines Besuchers von einem Krokodil getötet, einem anderen Besucher das Bein abgebissen. Er wurde nur gerettet, weil seine Begleiter ihn gewaltsam am Ufer festhielten. Beide Opfer waren keineswegs ins Wasser selbst, sondern nur dicht ans Ufer gegangen.

Krokodile sind zwar wechselwarme Tiere, bringen es aber fertig, ihre Körperwärme ziemlich gleichmäßig auf 26,4 Grad Celsius zu halten. Sie schwankt höchstens um 3,5 Grad nach oben und 2,5 Grad nach unten. Die größten Krokodile im Mzima sind drei Meter lang. Sie schleudern ihre Beute mit ihren gewaltigen Schwänzen ins Wasser und ertränken sie. Ihre mächtigen Kiefer jedoch sind, anders als beim Löwen, nicht stark genug, eine große Beute zu zerreißen oder zu zerkauen. Sie können bestenfalls die Ohren oder den Schwanz abbeißen. Deswegen lassen die Krokodile ihre Beute oft unter überhängenden Ufern oder in Unterwasser-Höhlen lagern, bis die Haut aufweicht und die Verwesung einsetzt. Aus Swaziland ist ein Platz bekannt, wo ein vier Meter langes Krokodil einen achtjährigen Jungen am Ufer gepackt und umgebracht hat. Als der große Bruder das Tier am nächsten Tage mit dem Speer tötete, schnitt man den halben Körper des Kindes aus dem Bauch heraus – er war nach fünfzehn Stunden noch nicht im geringsten angedaut. Auch im Mzima ereignete sich vor einigen Jahren ein ähnliches Unglück, als zwei europäische Kinder unglaublicherweise im Fluß badeten. Das Mädchen sah, wie unter Wasser ein Krokodil herankam, und lief weg, der Junge wurde gepackt. Als die Eltern dann mit anderen Leuten die ganze Umgebung absuchten, fand man den toten Jungen, der nur wenige Bißwunden aufwies, tief im Röhricht versteckt.

Hier, im klaren Wasser des Mzima, ließ sich das Treiben der Krokodile gut beobachten. Mein Freund Alan Root wollte darüber für mich einen Film drehen. Dabei gelangen ihm sogar Aufnahmen, auf denen zu sehen ist, daß Krokodile auch frische Beute verar-

beiten können. Die Tiere beißen sich unter Wasser an einem ertränkten Impala-Antilopenbock fest und drehen sich dann rasch um die eigene Längsachse des Körpers, mitunter bis zu zehnmal hintereinander. Auf diese Weise werden die Haut- und Fleisch-
stücke gewissermaßen aus dem Körper herausgedreht.

Krokodile sind recht zählebig. Ein herausgeschnittenes Krokodil-Herz kann noch
eine halbe Stunde lang weiterschlagen. Die Tiere können auch, ohne Luft zu holen,
mehr als eine Stunde untergetaucht im Wasser liegen. Untereinander sind sie verträglich

Bildunterschriften zu den Bildseiten 97–104

Seite 97 oben
Eine ungewöhnliche Aufnahme: Die Kamera ist halb unter, halb über Wasser. Sie hat zugleich die untergetaucht
schwimmende Sumpfschildkröte und den Schlangenhalsvogel darüber aufgenommen.

Seite 97 unten
Unter Wasser schwimmt der Schlangenhalsvogel ziemlich langsam, stößt aber mit seinem langen Hals und Schnabel
wie mit einem Speer blitzschnell auf Fische zu. Im Gegensatz zu Enten, Schwänen und Gänsen wird sein Gefieder
unter Wasser völlig durchnäßt – er muß später die Flügel ausbreiten und sich an der Sonne wieder trocknen lassen.

Seite 98 oben
Ahnungslos und leichtsinnig nähert sich die Impala-Antilope beim Trinken einem Krokodil, das völlig bewegungslos
liegen bleibt. Schon im nächsten Augenblick kann es die Antilope mit einem Schwanzhieb betäuben oder ins Wasser
schlagen.

Seite 98 unten
So lauern Krokodile unter Wasser – ein Bild, das man sonst nie zu sehen bekommt. Nichts Böses ahnend gehen Tiere
oder Menschen zum Trinken dicht ans Wasser und sind schon im nächsten Augenblick gepackt, hineingezogen und
ertränkt.

Seite 99
Dieses Krokodil hat einen Impala-Antilopenbock am Ufer gepackt und ins Wasser gezogen. Je mehr die Beute im
Wasser verrottet, um so leichter kann sie von den Krokodilen zerrissen werden.

Seite 100/101
Unter Wasser können ungewöhnliche Dinge aufgenommen werden: Hier weiden Fische die Algen von der Haut eines
Flußpferdes ab, das sich das ruhig gefallen läßt.

Seite 102
Die Otter – geschickte Schwimmer und Taucher – sind sehr verspielt. Hier benutzen sie eine Wasserschildkröte als
Spielzeug.

Seite 103
Ein zahmer Otter spielt begeistert mit Joan Root. Sonst lebt er beim Haus der Roots am Naivasha-See.

Seite 104
Im Wasser kann sich der Kameramann recht nahe an die trinkenden Elefanten heranwagen.

und keineswegs futterneidisch. Außerdem gibt es bei den Mzima-Quellen Nahrung genug. Im Luanga-Fluß in Zambia ist das anders: Dort haben sich einmal um ein einziges totes Flußpferd hundertzwanzig Krokodile versammelt; drei Kilometer flußabwärts dagegen war kein einziges zu sehen.

Während halbwüchsige Krokodile sich überwiegend von Fischen ernähren, sind die großen auf Warmblüter aus. Deswegen können sich Fische ohne Gefahr den großen Krokodilen während ihrer Mahlzeit nähern und daran teilnehmen, wie auf unseren Filmen zu sehen ist. Wenn so ein Riesentier ins Wasser geht, verringert sich sein Gewicht um mehr als neun Zehntel. Ein zweihundert Kilo schweres Krokodil wiegt dann nur noch fünfzehn Kilo. Vielleicht findet man deswegen bei großen Krokodilen fast regelmäßig Steine im Magen.

Auch Pythonschlangen kann man hier bei den Quellen beobachten. Bevor sie ihre Haut wechseln, gehen sie mitunter ins Wasser. Wie solch ein Tier an Land seine Haut abstreift, konnten wir ebenfalls beobachten. Im Frankfurter Zoo häuten sich die jungen Pythons fünf- bis neunmal im Jahr, erwachsene drei- bis siebenmal. Man hat sogar schon erlebt, daß sie sich auf der Weide die Haut von Kühen ablecken ließen. So ein afrikanischer Python wird 6,5 Meter lang – die nachgewiesene Spitzenlänge beträgt fast zehn Meter. Menschen gegenüber sind die Riesentiere scheu. Man streitet sich darüber, ob in Afrika überhaupt schon einmal ein Mensch von einem Python getötet und verschlungen worden ist. Vor großen Tieren jedoch schrecken sie nicht zurück. Immerhin hat man im Magen eines Python schon einen Leoparden gefunden. Ein Python kann bis zu zwei Jahre hungern, ohne zu sterben.

Sowohl Krokodile als auch Riesenschlangen versuchen nur selten, schnell schwimmende Kleintiere zu erwischen, wie etwa die behenden Otter, die alles untersuchen, Steine umwenden und sogar mit Schildkröten übermütig spielen. Auch die Tauchvögel sind ihnen meist zu schnell. Die rund hundertfünfzig Vogelarten auf Erden, die sich durch Tauchen ernähren, sind keine besonders guten Flieger. Anders als die Flugvögel nämlich, die leicht sein müssen und in deren Knochen deshalb Luft ist, dürfen die Taucher nicht zuviel Auftrieb bekommen. Zudem müssen sie den Wasserdruck aushalten. Ein Kormoran aus der Kolonie, die am Mzima-Ufer nistet, braucht etwa ein halbes Kilo Fisch am Tag – mehr als ein ausgewachsenes Krokodil zu sich nimmt. Aber dieses Riesentier tut ja auch den lieben langen Tag nichts, und außerdem haben alle Vögel einen viel stärkeren Stoffwechsel. Anders als bei Enten, Gänsen, Schwänen, deren Gefieder eingeölt ist, wird das Federkleid des Kormorans übrigens naß, was den Nachteil hat, daß er es nachher immer mit ausgebreiteten Schwingen in der Sonne trocknen muß. Dieser wasserabweisende Schutz muß aber beim Kormoran deshalb fehlen, weil er als Taucher und Fischjäger sonst viel zu viel Auftrieb bekäme.

Ein anderes Tier, das wir beobachteten und filmten, ist das Flußpferd. So plump diese

Geschöpfe an Land wirken mögen – unter Wasser sehen sie leicht, fast beschwingt aus. Hier im Mzima schwimmen sie nicht einmal richtig, sondern laufen auf dem Grunde, wo sie genauso ihre selbstgetretenen Pfade haben wie an Land. Diese Unterwasser-Wege kann man sogar sehen. Sich auf solch einen Flußpferd-Pfad zu stellen, der ins Wasser hinabführt, kann durchaus gefährlich sein, denn die Tiere fühlen sich dadurch von ihrer Zuflucht abgeschnitten. Einen solchen Fall habe ich einmal nachts im Ruwenzori-Nationalpark erlebt. Ich versuchte dem jungen Mädchen, das von dem Flußpferd in die Körpermitte gebissen worden war, zu helfen, aber ich konnte nichts mehr für sie tun. Gegen Morgen starb sie.

In den Mzima-Teichen leben etwa siebzig Flußpferde in vier Hauptgruppen. Sie verbringen den Tag in äußerster Bequemlichkeit im Wasser. Meist schlafen sie und tauchen von allein alle vierzig Sekunden mit den Nasenlöchern an der Oberfläche auf, um zu atmen, aber sie können ohne weiteres auch vier bis fünf Minuten untergetaucht bleiben. Obwohl sie meist auf dem Grund laufen, sind sie ausgezeichnete Schwimmer. Die dreißig Kilometer breite Meerenge zwischen der Insel Sansibar und dem Festland haben sie schon mehrfach durchschwommen.

Flußpferde gehen meist in der Nacht an Land, um zu weiden. Trotz seines riesigen Körpers braucht so ein Tier nur rund vierzig Kilogramm Pflanzennahrung am Tag. Es hat nämlich vierzehn Magenabteilungen und wertet die Pflanzenmasse bis zum letzten aus – im Gegensatz etwa zum Elefanten, der große Teile seines Futters unverdaut wieder abgibt. Die Zahl der Flußpferde im Mzima bleibt beschränkt, da das Nahrungsangebot begrenzt ist, denn nur in unmittelbarer Nähe des Wassers wachsen Pflanzen. Dafür müssen die Tiere zum Weiden nicht so weit laufen wie anderswo. Ihre Lebenserwartung beträgt etwa fünfzig Jahre. Wenn sie sterben, gehen sie ins Wasser.

Flußpferde sind für die Ernährung der Bevölkerung äußerst wichtig. Ihr Kot, den sie überwiegend im Wasser absetzen, liefert Nahrung für Algen und Kleinlebewesen, die wiederum von den Fischen verzehrt werden. Wo man die Flußpferde ausrottet, geht der unglaubliche Fischreichtum Afrikas rasch zurück und damit das Angebot an eiweißhaltiger Nahrung. Früher stellte auch das Fleisch der Tiere, die einmal in allen Flüssen Afrikas von der Quelle bis zur Mündung lebten, ein wichtiges Nahrungsmittel dar. Denn anders, als sein rundliches Aussehen vermuten läßt, enthält ein Flußpferd nur schieres Muskelfleisch. Außer einer geringen Menge am Darmgekröse steckt kaum Fett in ihm. Sogar sehr magere Hausrinder und Ziegen haben mehr Fett. Seit die Flußpferde während der Kolonialzeit mutwillig ausgerottet wurden, leiden in vielen Gegenden Afrikas die Menschen an Eiweißmangel. Mir fällt in diesem Zusammenhang das Buch eines bekannten deutschen Afrikareisenden ein, der ganz ohne Hemmungen und Scham schreibt: »Ich stellte mich auf einen Felsen im Fluß und vergnügte mich die nächsten Stunden damit, Flußpferde tot zu schießen.«

Es hat uns einige Mühe gekostet, diese großen Tiere unter Wasser für das Fernsehen zu filmen. Anfangs ging alles ganz gut. Zunächst versuchte es Alan von einem Boot aus, das einen Glasboden hatte. Aber die Scheibe beschlug durch die Feuchtigkeit, außerdem kam man nicht so recht an die Tiere heran. Dann baute er sich einen Eisenkäfig, der unten zwei Löcher hatte, durch die er seine Beine steckte. In diesem Käfig ging er auf dem Grund des Flusses herum. Von oben hatte er das Ganze mit Zweigen und Schilf verkleidet, so daß es wie eine kleine Insel aussah. Aber der Wind trieb diese Insel immer in eine Richtung, in die Alan gerade nicht wollte – die Sache war zu umständlich. Deswegen wagte er sich schließlich vorsichtig mit Taucheranzug und Atemgerät ins Wasser. Zu seiner Überraschung kümmerten sich die Krokodile und die Flußpferde kaum um ihn. Bestenfalls wichen sie ihm vorsichtig aus. Auf einen Menschen, der gänzlich untergetaucht ist, sprechen die Flußpferde nicht mit der gleichen Furcht oder Angriffslust an, mit der sie einem Menschen an Land oder über Wasser begegnen. Dieses Verhalten kennt man auch von Tieren, die auf menschenleeren, entlegenen Inseln wie den Galapagos leben. Deshalb wagte Alan sich immer näher an die prächtigen Tiere heran und holte seine Frau Joan als Taucherin nach. Beide wurden immer mutiger. Zum Schluß

Leben der unter Wasser spielenden Otter, der untergetaucht fischenden Schlangenhalsvögel, der Kormorane, der Krokodile, Schildkröten, Flußpferde und Schlangen wundervolle Filme gedreht. Millionen haben ihre Unternehmungen in meinen Fernsehsendungen bewundert.

Drei Jahre später filmte das Ehepaar Root erneut in den Mzima-Gewässern. Diesmal hatten sie von vornherein keine Hemmungen mehr, und dabei geschah das Unglück:

Am letzten Morgen ist einer der Flußpferdbullen, der in der Rangordnung an ziemlich tiefer Stelle steht, ein bißchen aufgeregt. Solche Tiere sind niemals so ausgeglichen und ruhig wie die Spitzenbullen. Ausgerechnet diesem Tier begegnen Alan und Joan unter Wasser. Als sie seine Aufregung bemerken, drehen sie schleunigst um und schwimmen im Seichtwasser zurück. Weil sie dabei so viel Schlamm aufwirbeln, daß sie nichts mehr sehen können, bleiben sie einfach liegen, um abzuwarten, bis das Wasser wieder klar wird (sie tragen ja Atemgeräte). Sie wissen jedoch nicht, daß der Flußpferdbulle nur etwa sieben Meter von ihnen entfernt ist. Er starrt, mit dem Kopf über Wasser, auf den Punkt, wo die Luftblasen an die Oberfläche steigen, und schnaubt. Hin und wieder taucht zudem ein Stück der Preßluftflasche auf, und das stört ihn ganz offensichtlich. Wäre das Wasser klar, so daß das Tier, wenn es den Kopf eintaucht, die Menschen unter Wasser wahrnehmen könnte, würde es sicher davonschwimmen, so aber wächst seine Erregung, ohne daß Alan und Joan es bemerken. Nur die Leute am Ufer erkennen, was sich da zusammenbraut.

Als der Bulle angreift, ist Joan ihm am nächsten. Sie spürt einen Schlag – wahrscheinlich hat das Flußpferd sie mit seiner Nase emporgehoben – und wird aus dem Wasser geschleudert. Ihre Tauchermaske ist genau unter dem rechten Auge von einem der mächtigen Zähne des Tieres durchbohrt, das Glas zerbrochen, aber ihr selbst ist nichts geschehen.

Nun wendet sich der Bulle gegen Alan. Er kann ihn immer noch nicht richtig sehen, er schlägt zunächst nur seine Kiefer wütend hin und her. Seine Hauer reißen dabei Löcher in Alans Taucheranzug und kratzen ein Stück Haut an der rechten Hinterbacke ab. Doch dann teilt der Bulle einen Hieb aus, der Alan herumwirbelt. Die Zuschauer am Ufer müssen das alles mitansehen: wie Alan aus dem Wasser emporgeschleudert wird, wie es schäumt und wie sich alles um ihn herum blutrot färbt.

Ich habe in meinen Büchern und in meiner Zeitschrift »Das Tier« schon Bilder gezeigt, wie Büffel, Zebras und Antilopen von Löwen oder Leoparden gepackt und, manchmal gar nicht so schnell, getötet werden. Viele Menschen wollen so grausige Szenen zwar nicht sehen, aber sie zu verschweigen hieße, das Leben in der Wildnis zu verschönen, zu verfälschen. Tatsächlich aber empfinden Tiere, die umgebracht werden, viel weniger Furcht und Schrecken als die Zuschauer. Ich habe das aus den Berichten von Menschen abgeleitet, die von Löwen gepackt, verwundet, davongeschleppt worden sind. Einer von ihnen war der südafrikanische Wildwart Harry Wolhuter, ein anderer der berühmte Missionar und Afrikaforscher David Livingstone. Menschen, die so etwas erlebt haben, beschreiben übereinstimmend, daß sie kaum Angst und schon gar keine Schmerzen im Rachen des Löwen empfunden haben, sondern merkwürdig gleichgültig und benommen waren. Ähnlich ergeht es auch Bergsteigern, die eine steile Felswand hinabstürzen. Vermutlich haben also auch die Tiere, die von Beutegreifern getötet werden, kein so schreckliches Ende, wie die entsetzten Beobachter meist annehmen.

Alan Roots Erlebnis mit dem Flußpferd bestätigt ebenfalls diese Annahme. »Mir war klar, daß das Flußpferd mein rechtes Bein im Mund hatte«, so erzählte er mir danach. »Ich empfand keinen Schmerz, nur ein dumpfes und taubes Gefühl, gezerrt und zerbrochen zu werden – überhaupt ohne Schmerzen. Der Bulle hatte mein Bein genau mit seinen Kiefern gepackt, so daß die linken Zähne in die Wade stießen, während mein Fuß und die Ferse zwischen den Backenzähnen auf der rechten Seite steckten. Die Wade wurde glatt durchbohrt, wobei das Tier drei- oder viermal zubiß – zum Glück mehr oder weniger an derselben Stelle. Ich spürte sogar die Lippenhaare des Bullen auf der Rückseite meines Schenkels, als er mich schüttelte. Dann ließ er mich fallen und entfernte sich. Ich blieb in dem schlammigen Wasser liegen, um den Bullen nicht zu einem neuen Angriff herauszufordern. Ganz benommen ließ ich das Wasser aus der Atemmaske laufen, fand das Mundstück, blies es frei und steckte es in den Mund. Dann griff ich nach unten und fühlte die weiche, schlüpfrige Masse, die mein Bein war. Ich rief: Jesus, ich bin gebissen worden!

Meine Frau schrie auf und kam durch das Wasser auf mich zu, doch ich brüllte sie an, sie solle ja hinausgehen, und so watete sie zurück. Ich legte mich wieder ins Wasser, um ans Ufer zu schwimmen. Doch ich kam schlecht vorwärts, ich schwamm durch Blut. Jemand packte mich am Handgelenk. Ich war so aufgeregt, daß ich dachte: Das ist wieder das Flußpferd! Aber es war mein Assistent Martin, der mich mit übermenschlichen Kräften durch das Wasser ans Ufer zerrte.«

Dieses entschlossene Zupacken war auch notwendig, denn Alan mußte Angst vor einem drei Meter langen Krokodil haben, das sich in der letzten Woche, während der Filmarbeiten, immer wieder herangepirscht hatte. Mehrmals hatten die Roots es weggejagt, doch es wurde von Tag zu Tag frecher. Ihnen war klar, daß sie es immer sorgfältiger im Auge behalten mußten. Sie waren nur einigermaßen sicher, solange sie sich nicht ungeschickt benahmen. Doch jetzt plantschten ein paar Leute im Wasser herum, Alan blutete zudem »wie ein gestochenes Schwein«. Es war eine Erleichterung, auf dem sicheren Ufer zu sein.

Ein italienischer Arzt verband Alan. Er gehörte zu einer Reisegruppe, die den ganzen Vorfall mitangesehen hatte. Bald lag mein Freund, Whisky trinkend, im Geländewagen, der ihn nach der Kilaguni-Lodge brachte, von wo er mit dem Kleinflugzeug eines Besuchers nach Nairobi befördert wurde. Knapp drei Stunden nach dem Vorfall lag er bereits auf dem Operationstisch der Unfallstation, die ihm schon von früher recht gut bekannt war…

Zunächst ging es Alan gar nicht gut. Es entwickelte sich Wundbrand, bei dem das Körpergewebe zersetzt wird und ein scheußlicher Gestank entsteht. Dazu kam hohes Fieber. Zwischen Fieber- und Schwitzanfällen mußte Alan mit einer elektrischen Heizdecke warmgehalten werden. Neun Liter Salzlösung und fünf Liter Blut wurden ihm in drei Tagen übertragen, viele Millionen Einheiten Penicillin in die Wunde gespritzt – dann war er endlich auf dem Weg der Besserung.

Das Loch in der Wade war groß genug, um eine Bierflasche durchzuschieben. Aber zum Glück hatten die Zähne des Bullen nur Muskeln zerstört, keine Knochen, keine Sehnen, keine Arterien, größere Nerven oder Venen. Kaum zu glauben, daß man mit so wenig wirklich ernsthaften Schäden aus dem Rachen eines riesigen Flußpferdes davonkommen kann!

Natürlich hat niemand daran gedacht, Alans Unfall zu filmen oder zu knipsen. Dazu waren alle Beobachter zu sehr vor Schreck erstarrt. Doch im nachhinein, wenn die Sache gut ausgegangen ist, bedauert man das stets ein wenig.

Ein Zebra greift eine Löwin an,
und tote Elefanten bleiben stehen

Fast ist es ärgerlich: Ein paar ausländische Besucher, die nur für ein paar Stunden in den Ngorongoro-Krater Tansanias gekommen waren, erlebten dort Dinge, die wir als Forscher oder Wildwarte in Jahren und Jahrzehnten nicht zu sehen bekommen. So schrieb mir Dr. C. Brian Burke aus Hanover, USA:

»Ich kam letzten März aus der Serengeti zurück und beobachtete mit meinen Kollegen von vier Geländewagen aus im Ngorongoro-Krater eine Herde Zebras. Eine Löwin tauchte aus einem Busch auf und näherte sich verstohlen den Zebras. Dabei wurde deutlich, daß die Löwin sich nicht nur an die tägliche Anwesenheit von Reisenden gewöhnt hatte, sondern daß sie auch damit vertraut war, deren Fahrzeuge als Sichtschutz auszunutzen. Nachdem sie eine Stute und ein Fohlen als Beute ausgewählt hatte, sprang sie diese an und tötete das Fohlen sehr sauber, offensichtlich, indem sie ihm das Genick brach. Die Zebrafamilie rannte auseinander, mit Ausnahme der Stute, die zu dem toten Tier zurückkehrte und die Löwin am Genick packte. Darauf folgten etwa zwanzig äußerst spannende Sekunden, während derer das Zebra im Vorteil war. Wir konnten den Vorfall filmen und Fotos machen. Der Kampf endete, als die Löwin sich endlich aus den Kiefern der Stute losriß und es fertigbrachte, ihr einige Verletzungen im Gesicht beizubringen. Das Zebra lief zur Herde zurück, die Löwin schleppte das tote Fohlen in einen Buschbestand in der Senke, wo ihre Jungen warteten.«

Noch Aufregenderes erlebte mein Freund Myles Turner als Wildwart in der Serengeti. Eines Abends bereitete seine Frau das Fleisch für ihre zwei zahmen Servale vor. Dabei starrte eine der Wildkatzen auf den Kühlschrank, der in der halboffenen rückwärtigen Diele steht. Die Katze war sehr aufgeregt, der Schwanz stand steil empor, und die Haare richteten sich auf. Eine ungeheuer große schwarze Speikobra kam langsam hinter dem Kühlschrank hervor und bewegte sich durch den Gang. Während Myles Turner wegging, um ein Gewehr zu holen, schnitt Frau Turner der Kobra den Weg ab und beobachtete sie, bis ihr Mann zurückkam. Schließlich verschwand die Schlange im Badezimmer, wo auch noch, um die Verwirrung voll zu machen, eine Flasche eines Reinigungsmittels herunterfiel. Die Schlange hatte die Flasche heruntergeworfen, während sie sich durch die Fensterscheiben zu entkommen bemühte. Die Flasche barst und regte das Tier noch mehr auf. Endlich konnte Myles die Schlange erschießen. Das Fenster des Badezimmers war vollgespuckt. Die Schlange war 2,10 Meter lang. Nur zwei Tage später saßen Frau Turner und der Tierarzt nach dem Abendessen im Wohnzimmer. Die beiden Servale lagen im Schlafzimmer auf dem Bett. Plötzlich hörten sie ein Geräusch. Eine der Katzen sauste in den Wohnraum und versuchte, durch das Fliegengitter des Fensters nach außen zu gelangen. Als Frau Turner nachsah, entdeckte sie, daß ein Leopard einfach durch das Fliegengitter des Schlafzimmers hereingesprungen war. Leopardenfußabdrücke fanden sich auf dem Fensterbrett und auf dem Bett unterhalb des Fensters. Der Leopard wurde bis zu einer Spalte im felsigen Hügel hinter dem Haus verfolgt. Von dem zweiten Serval konnten aber keinerlei Spuren mehr entdeckt werden.

Verblüffendes haben auch D. Western und J. Wyatt in Kenia und in Uganda an Rothschild-Giraffen und Massai-Giraffen beobachtet. Sie verzehrten Überreste von Tierleichen. In einem Falle wurde gerade der Mageninhalt einer toten Elenantilope verspeist und der Unterkiefer mit dem Munde aufgenommen. In einem anderen Falle hatten drei männliche Giraffen ihre Köpfe an demselben Punkt auf der Erde herabgesenkt, als ob sie trinken würden. Als sie die Köpfe empornahmen, hielt eine das Becken und das ganze Hinterbein des Skelettes einer Grant-Gazelle im Mund. Andere Giraffen nahmen ebenso Teile der Leiche auf, die sie offensichtlich »kauten«. Während eines Zeitraumes von etwa fünf Minuten hatten vier von sieben Giraffen Leichenteile verzehrt. Offensichtlich waren Teile des Knorpels weggekaut. Auch in einem anderen Fall wurde im Nairobi-Nationalpark eine Massai-Giraffe angetroffen, der zwei lange, zusammenhängende Knochen aus dem Mund heraushingen. Sie kaute weitere sieben Minuten an den Enden der Knochen, wobei diese dreimal herunterfielen und wieder aufgenommen wurden. Im japanischen Tama-Zoo töteten Giraffen eine Taube und verzehrten sie.

So gibt es immer wieder Neues bei afrikanischen Tieren zu entdecken. Von all den Großtieren bekommt man die Flußpferde am leichtesten zu sehen, wenn auch fast immer nur die Köpfe und ein Stück vom Rücken – das übrige ist, zumindest tagsüber, meist untergetaucht. Allerdings sind diese Tiere, die einst jeden afrikanischen Fluß vom Oberlauf bis zur Mündung bevölkerten, in der Kolonialzeit in den meisten Gegenden ausgerottet worden – aus Schießlust und Übermut.

Am häufigsten sieht man sie noch in Uganda: im Kabalega-Nationalpark, im und am Viktoria-Nil sowie rings um den Eduard-See, dessen Ufer zu Uganda und Zaire gehören. Dort leben sie zu Zehntausenden; bei der Halbinsel Mweya im Ruwenzori-Nationalpark kommen etwa sieben Flußpferde auf je hundert Meter Ufer, auf der zu Zaire gehö-

Seite 113
Geraten sich zwei Löwenmänner in die Haare, merkt man erst, wozu die dichte Mähne gut ist. Sie schützt den Nacken und die Halsschlagadern vor den scharfen Krallen des Gegners.

Seite 114
Was Wildwarte oft in ihrem ganzen Leben nicht zu sehen bekommen, erleben hier amerikanische Ferienreisende im Ngorongoro-Krater von ihrem Bus aus – und können es sogar mit der Schmalfilmkamera aufnehmen. Eine Zebra-stute stürzt sich wutentbrannt auf eine Löwin, die soeben ihr Fohlen getötet hat. Sie beißt sie in die Kehle.

Seite 115 oben
Erst ist die Löwin überrascht, dann aber packt sie die Stute mit ihren Pranken am Genick und zieht sie seitwärts nieder. Die Stute kann sich noch befreien, sie gibt den ungleichen Kampf auf.

Seite 115 unten
Die Löwin trägt das tote Fohlen zu ihren eigenen Jungen.

Seite 116/117
Ein Löwe kann sorglos und unbekümmert faulenzen. Er hat, außer schießwütigen Menschen, niemanden zu fürchten. So ruht er über zwanzig Stunden am Tage. In den Nationalparks Afrikas aber kann ihm auch dieser einzige wirklich bedrohliche Feind nichts mehr anhaben.

Seite 118 oben
Erst vom Flugzeug aus kann man mitunter entdecken, welche Mengen von Flußpferden in kleinen, verlorenen Tümpeln stecken.

Seite 118 unten
Dank ihrer vielen Mägen können Flußpferde auch völlig vertrocknetes Gras noch verwerten, das für Zebras, Antilopen und andere Weidetiere in der Trockenzeit nutzlos ist. Solche Flußpferdmassen wie hier im Virunga-Nationalpark von Zaire lebten einst in fast ganz Afrika. Welch ein Jammer, daß man sie aus Übermut und Schießlust ausgerottet hat!

Seite 119
Besteht diese Flußpferdherde nur aus Weibchen oder nur aus Männchen oder, wie bei manchen Antilopenarten, aus einem Bullen mit einem Harem von weiblichen Tieren? Man kann ihr Geschlecht im Wasser nicht unterscheiden. Erst jetzt wurde dieses Rätsel gelöst.

Seite 120 oben
Der Löwe riecht, daß die Löwin paarungsbereit ist.

Seite 120 unten
Während einer Brunftzeit von zwei bis drei Tagen paart sich die Löwin mit zwei oder auch mehr Löwenmännern etwa dreihundertmal. Aber nur jede fünfte Brunft führt zu Nachwuchs. Also sind über 1000 Paarungen für einen Wurf notwendig. Ein Rudel wird meistens von zwei und mehr Löwenmännern beherrscht. Im allgemeinen werden sie nach zwei bis drei Jahren von einem Bund jüngerer Löwenmänner vertrieben. Nur während dieser Zeit können sie sich im allgemeinen verpaaren. Trotzdem dürfte ein erfolgreicher alter männlicher Löwe in seinem Leben etwa zwanzigtausend Begattungen durchführen. Ein entmannter Mähnenlöwe deckte noch ein Jahr später bis zu dreißigmal am Tag.

renden Seite des Sees sogar durchschnittlich dreiunddreißig. Übereilige weiße Wissenschaftler haben hier einmal Zehntausende abgeschossen, weil die Gegend nach ihrer Ansicht »übervölkert« war; und das gleiche taten 1979 im Krieg zwischen Tansania und Uganda die Soldaten. Beide verkauften Fleisch an die umliegende Bevölkerung. Aber der Bestand erholt sich wieder, wenn man rechtzeitig eingreift.

Da steht beispielsweise eine Herde von fünfzehn, zwanzig Flußpferden im Wasser. Sind es Weibchen oder Bullen? Vielleicht ein Bulle, der eine Herde Weibchen um sich versammelt hat und sie gegen andere verteidigt, wie das bei den Impala-Antilopen üblich ist? Jahrzehntelang waren sich die Forscher darüber nicht einig. Man kann eben, wenn nur der Kopf heraussieht, das Geschlecht des Tieres nicht so leicht erkennen. Ebenso schwierig ist es, die Rangordnungen unter ihnen festzustellen – bei einer Herde Topis, die man wochenlang an Land beobachtet, ist das nicht schwierig. In den Jahren 1973 bis 1978 hat Prof. Hans Klingel, oft begleitet von seiner Familie, die riesigen Wassertiere im Ruwenzori-Nationalpark von Uganda beobachtet. Er kannte die Mehrzahl der Tiere, vor allem die maßgeblichen. Klingel unterschied sie nach natürlichen Zeichen – wie etwa Narben, eingerissenen Ohren usw. –, die er fotografierte und vermerkte. Einzelne Tiere wurden überdies betäubt und mit Ohrmarken oder farbigen Läppchen gekennzeichnet. Seine Beobachtungen erbrachten völlig neue Erkenntnisse über das Zusammenleben der Flußpferde.

Während des Tages leben diese Tiere in Gruppen von wechselnder Größe und Zusammensetzung. Die einen bestehen vor allem aus Weibchen und ihrem Nachwuchs, die anderen setzen sich nur aus Bullen zusammen. Manche Tiere, vor allem ausgewachsene Bullen, leben ganz allein. Am Abend lösen sich die Gruppen auf, die Tiere kommen einzeln, oder bestenfalls Mutter mit Kind, ans Ufer und begeben sich, oft mehrere Kilometer weit, zu ihren Weidegründen. Dabei benutzen sie meist festgetrampelte Wege, die vielleicht schon Jahrzehnte oder Jahrhunderte alt und tief in die Ufer eingetreten sind. Während der Nacht, spätestens am frühen Morgen, gehen sie ins Wasser zurück, und zwar fast immer auf dem gleichen Weg. Auch im Wasser setzen sich die Herden meist aus denselben Tieren zusammen.

Das Ufer ist in Eigenbezirke einzelner Bullen aufgeteilt. Wie Klingel beobachtete, hielt am Eduard-See ein Bulle 250 bis 500 Meter Küste in Besitz, und zwar während der ganzen viereinhalb Jahre. An anderen Stellen des Sees war das Herrschgebiet eines Bullen nur zwischen fünfzig und hundert Meter lang. Dieser Bulle konnte sich meistens nur ein paar Monate behaupten. Der Besitz wechselte am stärksten, wenn der Ishasha-Fluß seinen Lauf änderte oder wenn es Überschwemmungen gab. Innerhalb ihres Eigenbezirkes haben allein die herrschenden Bullen das Recht, Weibchen zu begatten. Sie erlauben jedoch, daß sich andere Bullen in ihrem Gebiet aufhalten, sofern diese sich als rangtiefer ausweisen und benehmen. Kämpfe zwischen benachbarten herrschenden

Bullen ereignen sich selten. Geht es aber um den Besitz seines Eigenbezirkes, können solche Gefechte sehr bösartig werden und mit starken Verwundungen enden. Der Eigenbezirk wird durch Dung gekennzeichnet, der an bestimmten Stellen, vor allem über Büsche, beim Absetzen verstreut wird. Ebenso finden sich Dunghaufen bei den Wegen am Land; sie sollen nach Klingel aber weniger dieses Gebiet als Eigenbezirk kennzeichnen, sondern vielmehr als eine Art Wegweiser dienen.

Wenn ein Bulle einen Küstenstreifen sein eigen nennt, heißt das durchaus noch nicht, daß er auch Nachwuchs zeugen kann. Manche Bullen beherrschen Strecken, die so gut wie niemals von Weibchen besucht werden. Diese Eigenbezirke der Flußpferde unterscheiden sich überhaupt völlig von denen der übrigen Huftiere, denn ihre Weidegründe sind deutlich getrennt von den Paarungsbezirken. Bei einigen Robbenarten, z. B. bei dem Nördlichen See-Elefanten, ist das ähnlich, wie Le Boeufs Untersuchung gezeigt und wie ich in meinem Buch »Vom Grizzlybär zur Brillenschlange« beschrieben habe.

Die Leistungen der Schwarzen für den Naturschutz

Afrika ist heute der einzige Erdteil, auf dem noch größere Mengen von Wildtieren erhalten sind. Deswegen ist es für uns Naturschützer – und letzten Endes für alle Menschen auf unserer Erdkugel – wichtig, welche Einstellung die Bewohner Schwarzafrikas Wildtieren gegenüber haben.

In Zeiten der Kolonialherrschaft war die Meinung weit verbreitet – und zum Teil ist sie heute noch zu hören –, daß Afrikaner nichts für Wildtiere übrig haben, daß sie für sie nur »Fleisch« bedeuten. Natürlich ist das richtig. Aber darin unterscheiden sich Schwarze in keiner Weise von deutschen Bauern oder nordamerikanischen Siedlern. Diese haben viele Arten sogar unwiderruflich ausgerottet, weil sie die Ernte auf den Feldern oder die Sicherheit ihrer Kinder gefährdet sahen. Genausowenig wie sich ein deutscher Bauer für Wildschweine begeistert, die in seinen Kartoffeln wühlen, hat ein Afrikaner etwas für Elefanten übrig, die seinen Manjok zertrampeln. Man darf jedoch nicht vergessen, daß die einzigen afrikanischen Großtierarten, die in den letzten hundert Jahren endgültig vom Erdboden verschwanden – Blaubock, Quagga, Kaplöwe, Burchell's Zebra –, in Südafrika durch Weiße ausgerottet wurden und nicht durch Schwarze. Auch haben die Kolonialregierungen erst in den letzten zwanzig, dreißig Jahren ihrer Herrschaft angefangen, Nationalparks zu schaffen. Und dann meist in Gebieten, die wegen des schlechten Bodens, der Schlafkrankheit oder der Naganaseuche anders nicht zu verwerten waren.

Die spät eingerichteten kolonialen Jagdverwaltungen führten die Safarijagden ein, die das Schießen von Großtieren weitgehend zum Vorrecht weißer Jagdbesucher aus dem Ausland oder einheimischer Weißer machten, denn nur sie konnten die Gebühren dafür aufbringen.

Schwarze wurden als Wilddiebe bestraft, obwohl in vielen Stämmen das Töten gefährlicher Wildtiere zu den ältesten Rechten innerhalb der Dorf- oder Stammesgemeinde gehörte. Es war Bestandteil der Brautwerbung, der Weihe zum jungen Mann und Krieger. Noch heute ist es – etwa bei den Acholi, den Bakonjo, den Bahiga und den Napore, die dicht an der Grenze der Uganda-Nationalparks leben – eng mit religiösen Gebräuchen verknüpft. Ich hatte daher große Sorge, daß sich in Afrika etwas Ähnliches wiederholen würde wie in Europa bei allen Bauernaufständen. In Deutschland und in anderen europäischen Ländern, wo das Jagen jahrhundertelang ein Vorrecht des Adels gewesen war, brachten meuternde Bauern stets alle Hirsche und Rehe um. Auch diese waren in ihren Augen eben »adlig« und feindlich. Noch 1848 wurden unsere Jagdwildbestände weitgehend vernichtet; es dauerte Jahrzehnte, um sie wieder aufzubauen. Um solch einer Entwicklung in Afrika rechtzeitig vorzubeugen, habe ich mich damals bemüht, den afrikanischen Politikern der unabhängig gewordenen Staaten die Bedeutung des Tourismus für das Nationaleinkommen vieler Länder, wie etwa der Schweiz, Italiens, Spaniens, Griechenlands, darzulegen. Hinsichtlich der Schönheit der Landschaft könne Ostafrika nicht mit der Schweiz und den Rocky Mountains in Wettbewerb treten – so legte ich damals dar –, wohl aber durch seine eindrucksvollen Großtiere. Eine Reihe einsichtiger afrikanischer Politiker, als erster wohl Dr. Julius Nyerere von Tansania, haben tatsächlich die Zahl der Nationalparks und die Ausgaben dafür sehr vermehrt.

Es war nicht einfach, die Versprechungen dann wahrzumachen und die Besucher hinzubringen. Afrika war der Bevölkerung Europas in den Büchern der Großwildjäger – die sich selbst als Helden darstellen wollten – als gefährlich, voll wilder Eingeborener, bösartiger Krankheiten, Giftschlangen und Überanstrengung geschildert worden.

Ich mußte einige Jahre lang hartnäckig im Fernsehen immer wieder darauf hinweisen, daß Afrika ein friedliches Reiseland mit Hotels und Teerstraßen ist wie Italien. Ebenfalls über das Fernsehen habe ich – gegen den Widerstand der großen Fluggesellschaften – die ersten preisgünstigen Sammelreisen in Mietflugzeugen von Deutschland aus erzwungen. Hunderte kamen zurück und überzeugten Zehntausende, wie herrlich die Wildnis und die Tierwelt dieses Erdteils sind.

Wir wenigen Naturschützer können heute befriedigt feststellen, daß wir für einige wichtige Länder Afrikas wirtschaftlich mehr erreicht haben als die amtliche Hilfe unserer Regierung. Deren Darlehen sollen ja meist verzinst und zurückgezahlt werden. In Kenia stellen die ausländischen Besucher schon seit über zehn Jahren die stärkste Einnahmequelle für Fremdwährungen dar, sie bringen mehr ein als die Kaffee- und Tee-Ausfuhr. In Uganda waren sie, vor Idi Amin, die zweitgrößte Einnahmequelle. Bundesdeutsche geben zum Beispiel jährlich 32 Milliarden Mark für Tourismus aus, von denen ein erheblicher Anteil in meist wirtschaftlich schwachen Empfangsländern verbleibt. Man sieht, daß die Naturschützer, im Vergleich mit unseren Staatsverwaltungen, auch

124

sehr viel für die einheimische Bevölkerung erreicht haben. In Kenia verdienen bereits sieben v. H. der im Lohnverhältnis stehenden Menschen ihr Brot durch den Tourismus.

Wir Kämpfer für die Natur können also auf diesem Gebiet mit unseren Erfolgen durchaus zufrieden sein. Wir brauchen uns heute sicher nicht mehr um das Anschwellen der Besucherscharen zu bemühen, wenigstens in einigen afrikanischen Ländern nicht. Afrika ist wie eine hartnäckige Infektion. Wer sie einmal hat, wird sie nicht mehr los: er will immer wieder hin und steckt mit seiner Begeisterung viele andere an.

Wir müssen uns sogar schon gegen die Auswüchse des Tourismus in Afrika wenden. Reiche Hotelgesellschaften nutzen ihren Einfluß aus, um Riesenbauten mitten in den Nationalparks zu errichten, im Herzen der Wildnis. Von einem Hotel mit hundert Betten können – angesichts der Arbeitslosigkeit in Afrika – etwa tausend einheimische Bedienstete einschließlich ihrer Familien leben. Und so entsteht in der Regel bei dem Hotel über kurz oder lang ein halbmodernes, unschönes Dorf und bald eine Kleinstadt – mitten in der unberührten Wildnis.

Aber gerade um ein Stück menschenleerer, jungfräulicher Landschaft geht es den Reisenden aus den übervölkerten Industrieländern. Deshalb gehören Hotels grundsätzlich *in die Nähe* der Parks und nicht mitten hinein. Wenn Sie sich in Ostafrika umsehen, werden Sie feststellen, wie oft gerade in den letzten Jahren gegen diesen Grundsatz des Naturschutzes und des künftigen wirtschaftlichen Erfolges gesündigt worden ist. Wohin diese unglückliche Entwicklung führt, kann man leicht in einigen amerikanischen Nationalparks oder etwa im Krüger-Park in Südafrika sehen. Diese Fehler, die man anderswo längst erkannt hat, könnten durchaus vermieden werden.

Außerdem sollten wir uns bemühen, daß der Besucherstrom in Afrika sich nicht überwiegend in *einem* Land zusammendrängt, wo sich viele Hotelgesellschaften, Reisevermittler und Fluggesellschaften fest niedergelassen haben. Eine Reihe anderer afrikanischer Länder hat sehr viel mehr Nationalparks geschaffen, einen viel größeren Teil des Nationaleinkommens dafür geopfert, die Wildnis noch nicht in diesem Ausmaß durch Luxushotels verschandelt und ist bei weitem von Besuchern nicht so überflutet. Wir sollten dafür sorgen, daß auch diese Länder einen Teil des Geldstromes abbekommen, also etwa Zaire, Ruanda, Sambia, Malawi, Uganda, Tansania, Kamerun, Botswana.

Ist aber die Zukunft wenigstens eines Teiles der afrikanischen Natur dadurch gesichert, daß der Fremdenbesuch einen Teil des Nationaleinkommens liefert? Ich fürchte: nein. Schuld daran ist die entsetzliche Bevölkerungsexplosion, die in Afrika schlimmer ist als überall sonst in der Welt, sogar schlimmer als in Asien. In Kenia zum Beispiel kommen im Jahr über fünfzig Geburten auf tausend Einwohner, und diese Zahl steigt noch an. Ihr stehen achtzehn Todesfälle auf tausend Einwohner gegenüber, wobei diese Rate im Jahr noch um zwei v. H. sinkt. Die Hälfte der Bevölkerung Kenias ist unter sechzehn Jahre alt, jede Familie weist im Durchschnitt 7,3 Kinder auf. Das Land hat eine Bevölkerungszunahme von 3,6 v. H. im Jahr, beinahe die höchste der ganzen Welt; sie wird bald auf 4 v. H. ansteigen. Das gleiche gilt für Uganda und Tansania sowie für die meisten anderen schwarzafrikanischen Länder. Das bedeutet, daß die Bevölkerung sich in siebzehneinhalb Jahren verdoppelt. In fünfunddreißig Jahren werden diese Länder die vierfache Menschenzahl, in fünfzig Jahren die achtfache aufweisen.

Obwohl beispielsweise in Kenia nur ein Sechstel des Landes bebaubar ist, leben dort neunzig v. H. der Bevölkerung. Vor fünfundzwanzig Jahren, als die Nationalparks eingerichtet wurden, entfielen 1,8 ha Bodenfläche auf jeden Einwohner Kenias, jetzt sind es nur noch 0,8 ha – auch dies ist sehr viel ungünstiger als der Weltdurchschnitt. Das Gartenland um die Hauptstadt Nairobi ist bereits dichter besiedelt als das Gemüseland von Holland. In den Vororten von Nairobi leben 2500 Menschen je Hektar; sie wohnen in Hütten, nicht in mehrstöckigen Häusern. Im Jahre 2000 soll Nairobi drei Millionen Einwohner haben.

In Massailand, entlang der Grenze Kenias zu Tansania, braucht jede Familie etwa hundert Köpfe Vieh, um als Nomaden fortbestehen zu können. Und auch hier nimmt die Bevölkerung ständig zu. Das dicht an den Parks gelegene Land wird mehr und mehr besiedelt. Einem Bauern, dessen Felder in der Nacht von Elefanten verwüstet worden sind, kann man jedoch nur schwer klarmachen, daß diese prächtigen Wildtiere »Gemeinbesitz der ganzen Welt« sind. Es ist fraglich, ob ein Land wie Tansania – verglichen mit dem Nationaleinkommen – auf die Dauer achtmal mehr für Nationalparks und Naturschutz verwenden kann als die Vereinigten Staaten von Nordamerika, wenn die Bevölkerung weiter so zunimmt. Ruanda zum Beispiel, nur Dreiviertel so groß wie Baden-Württemberg, ist mit 171 Einwohnern je Quadratkilometer erheblich dichter bevölkert als etwa Frankreich (97 Einwohner je Quadratkilometer). Und das ohne jede Industrie und ohne größere Städte. Die Einwohner sind schon heute unterernährt. Trotzdem gibt es in Ruanda zwei große und schöne Nationalparks. Doch werden schwarze Politiker auf Dauer die letzten Stücke ihrer Natur und Kultur gegen die hungrige Bevölkerung verteidigen können? Werden sie dabei einsichtiger und erfolgreicher vorgehen als etwa unsere Politiker in der Bundesrepublik Deutschland?

Tatsächlich erheben sich jetzt Stimmen in Deutschland, die den Tourismus als Zerstörer alter afrikanischer Überlieferungen anklagen. Diese Kritik wird in Afrika selbst aufgegriffen. Vor ein paar Jahren habe ich, auf Wunsch von Ugandas Präsident Idi Amin, darüber ein mehrstündiges öffentliches Streitgespräch zuerst mit den schwarzen Studenten und Professoren der Universität in Kampala, dann im dortigen Fernsehen geführt. In Wirklichkeit beeinflußt der ausländische Besucher die Einheimischen kaum, weil er mit ihnen nicht in nähere Fühlung kommt. Der Ferienreisende ist gelöst, vergnügt; er mag gelegentlich auch Wohlstandswünsche wecken, wirkt aber auf den Einheimischen nicht geistig überlegen. Oder er zeigt dies zumindest nicht. Lieschen Müller benimmt sich ihm gegenüber freundlich, sie verkündet keine politischen oder industriellen Schlagworte. Der Techniker dagegen, der im Rahmen der Entwicklungshilfe nach Afrika kommt, wirkt viel mehr auf die afrikanische Lebensweise ein. Ein ausgebildeter Fachmann bringt geistige Geschenke mit, die keineswegs erwünscht sind, die man aber nicht gut ablehnen kann. Dazu gehören Weltanschauungen. Der frühere Kolonialismus war einfach aufgezwungen. Den Technikern aber, die heute eine Fabrik, eine Brücke bauen oder Landwirtschaftsfachleute sind, die jahrelang mitten im Land in Verbindung mit den Schwarzen leben, täglich mit den Arbeitern und den anzulernenden einheimischen Nachwuchskräften umzugehen haben – diesen Technikern ist der Einheimische noch immer unterlegen. Er fühlt sich gedemütigt, tiefer stehend, wünscht aber andererseits die Lebensweise des Ausbilders zu erreichen und zu übernehmen. Der Zusammenhalt der Dorfgemeinde und die Gemeinschaft in der Sippe werden durch die Industrialisierung und Verstädterung in wenigen Jahren jäh zerrissen werden.

Wir weißen Menschen – ganz gleich wo wir herkommen – haben eine gefühlsselige Vorstellung von amerikanischen Rothäuten; wir kennen sie aus Büchern – von Lederstrumpf bis Karl May – als tapfere Helden. Schwarze dagegen sieht man gern als geistig unterlegen, als wenig mutig und sogar als Menschenfresser an. Man traut ihnen nicht zu, daß sie in der Lage sind, große Kulturen aufzubauen. Zum Teil dienten solche Vorstellungen früher wohl dazu, Schuldgefühle wegen der Sklaverei und Ausbeutung in den Kolonien zu überdecken. Derartige Vorurteile erwecken bei den Betroffenen ähnliche Gefühle, wie sie die alten Germanen in ihren Strohhütten den kultivierten Römern gegenüber gehabt haben mögen.

Natürlich sind diese Klischees falsch. Zum Beispiel schrieb die Naturreligion in vielen afrikanischen Stämmen vor, daß die Männer gegen Löwen, Leoparden, Elefanten, Nashörner mit einfachen Waffen und zu Fuß auf offenem Felde antreten mußten – ständig neu geforderte Proben von Todesmut und Tapferkeit also, wie es sie im letzten Jahrtausend in anderen Erdteilen kaum gab.

Die alten afrikanischen Religionen schufen Tabu-Gebiete, in denen das Töten von Tieren untersagt war. Solche religiösen Gesetze wurden aus Furcht vor dem Übersinnlichen meist sehr streng befolgt. Der frevelnde Jäger fürchtete, die Götter würden zur Strafe seine Frau oder Kinder sterben lassen. Waren die Gebiete im Umkreis um die Tabu-Bezirke leergejagt, breiteten sich die Wildtiere in den heiligen Gebieten allmählich wieder aus.

Ich erkläre in Afrika nicht selten, daß wir Nationalpark-Beamten die Nachfolger der afrikanischen Priester seien. Wir versuchen mit Gesetzen, Strafen und Aufklärung das gleiche zu erreichen – mit viel weniger Erfolg allerdings –, was die alten Religionen

Seite 129
Mitten im Virunga-Nationalpark in Zaire liegt am Ufer des Eduard-Sees das Fischerdorf Vitshumbi. Die Bewohner dürfen hier seit Jahrzehnten weder Ackerbau noch Viehzucht betreiben, sondern nur den Fischreichtum des Sees ausschöpfen. Deswegen haben alle Landtiere und Vögel keine Angst und laufen unbekümmert zwischen den Menschen herum.

Seite 130
Die jungen Pelikane versuchen, wenigstens von unten her, durch die Löcher des Korbes ein paar Fische zu stehlen.

Seite 131 oben
Man braucht nur ein paar Fische hochzuhalten – schon ist man von einer Horde gieriger, aber freundlicher Pelikane eingeschlossen.

Seite 131 unten
Die Pelikane stoßen blitzschnell nach Fischen ins Wasser. Tauchen können sie (im Gegensatz zu einer amerikanischen Pelikanart) nicht. Sie sind zu leicht dafür.

Seite 132/133
Auch die großen Elefantenbullen gehen mitten durch das Dorf – niemand hat Angst vor ihnen. Auffällig ist, daß die Elefanten und Flußpferde, die sich ebenfalls ganz frei bewegen, niemals auf die Wäsche treten, die zum Trocknen auf dem Boden ausgebreitet ist.

Seite 134 oben
Im Turkana-(früher Rudolf-)See Kenias schwimmen die riesigen Nilbarsche, die anderthalb Meter lang und über einen Zentner schwer werden können. Die Turkana, die als Nomaden in der den See umgebenden Halbwüste leben, haben niemals von dessen Fischreichtum Gebrauch gemacht. Sie werden erst neuerdings dazu angeleitet.

Seite 134 unten
Dank der neuzeitlichen Medizin ohne gleichzeitige Geburtenbeschränkung gehen die meisten Länder Afrikas dem Schicksal Indiens entgegen: Millionen sind unterernährt und verhungern. Die jährliche Bevölkerungszunahme beträgt etwa drei v. H., das heißt, daß die Bevölkerung sich nach 24 Jahren verdoppelt, nach 48 Jahren vervierfacht hat.

Seite 135
Als noch die afrikanischen Stammessitten und der alte Götterglaube herrschten, waren die wilden Tiere viel besser geschützt. Es gab Tabu-Gebiete, in denen das Jagen verboten war. Solche übernatürlichen Gesetze wurden sehr streng befolgt. Das Bild zeigt einen Zulutanz.

Seite 136
Die etwa hasengroßen, aber mehr an kleine Känguruhs erinnernden Springhasen bekommt der Afrikareisende so gut wie niemals zu sehen, weil sie Nachttiere sind. Sie können mit einem Satz zwei bis drei Meter, in seltenen Fällen, auf der Flucht, bis acht, ja zehn Meter weit springen. Gut beobachten kann man sie im Dunkelhaus des Frankfurter Zoos, das der Frankfurter Magistrat »Grzimek-Haus« genannt hat. Hier sieht man sie sogar in ihren unterirdischen Bauten.

durch Jahrtausende den Menschen des Schwarzen Erdteiles spielend gesichert haben. Missionare und Kolonialbeamte hatten keine Ahnung, was sie da zerstörten.

In allen afrikanischen Religionen spielen Tiere eine große Rolle. Der afrikanische Mensch fühlt sich der Tierseele geheimnisvoll verbunden; er glaubt, seine Seele wechsele zeitweise in Tierkörper über, sie lebe oft nach dem Tode in Tieren weiter. Das steht sehr im Gegensatz etwa zum Christentum oder dem Mohammedanismus, die den Menschen außerhalb und über die Natur stellen.

Die Grundlage der neuzeitlichen Nationalparks in Schwarzafrika ist weit besser als die der nordamerikanischen oder sowjetischen, von den sogenannten Nationalparks in der Bundesrepublik gar nicht zu reden. Arme afrikanische Länder opfern ein Mehrfaches von dem, was die USA für Naturschutz und Nationalparks ausgeben, ganz abgesehen von dem hoffnungslosen Versagen fast aller südamerikanischen Staaten in dieser Hinsicht.

Einigen führenden afrikanischen Staatsmännern wird immer mehr bewußt, daß ihre Länder und ihre Bürger auf einem Gebiet, das in den kommenden Jahrzehnten an Wichtigkeit beständig zunehmen wird, bereits führend sind – im Naturschutz.

Leider erfahren die Hunderttausende ausländischer Besucher, die jedes Jahr nach Afrika kommen, von diesen kulturellen Leistungen der Einheimischen nichts. Sie lernen Schwarze nur als Chauffeure, Kellner und Bettler an der Straße kennen. Über die herrlichen Wildtiere und die weite Wildnis werden sie mitunter von weißen Reiseführern aufgeklärt, von denen so manche aufgrund der jüngsten politischen Entwicklung nicht gerade freundliche Gefühle gegenüber Schwarzen hegen.

Dabei ergäbe sich gerade hier die Gelegenheit, den unvoreingenommenen Besucher aus Europa oder Amerika mit dem Afrikaner vertraut zu machen. Schwarze sollten den weißen Besuchern als Reiseführer Wildtiere, Nationalparks, Landschaften und Naturschutz erläutern – Gebiete also, auf denen der Schwarze dem Weißen ebenbürtig, wenn nicht überlegen ist. Es gäbe sehr viel zu berichten über fesselnde Ereignisse, die sich mit Löwen, Elefanten, Flußpferden in früheren Jahrzehnten, aber auch bis in die letzten Monate zugetragen haben. Welcher Reisende hat schon einmal etwas von dem Zulu-Napoleon Shaka gehört, der sich durch eine neue Kampfweise im vorigen Jahrhundert riesige Gebiete Afrikas unterwarf und die englische Armee mehrmals besiegte? Wer weiß schon etwas von dem gewaltigen christlichen Reich, das der Mushikongo bereits im 15. Jahrhundert jahrzehntelang aufgebaut hatte, bis es durch den schnöden Verrat der herbeigerufenen europäischen Helfer zerstört wurde?

Der Reisende, der die Tierwelt, die Landschaft, aber auch die Menschen Schwarzafrikas aus dem Munde von Schwarzen erläutert bekommt, würde mit einem ganz anderen Eindruck von afrikanischen Menschen nach Hause zurückkehren. Aber auch afri-

kanische Politiker und die breite Masse der Bevölkerung würden sehr bald Stolz empfinden auf diese eigenen Leistungen. In dieser Hinsicht ist der Besucherstrom, der
einigen afrikanischen Ländern bereits geldlich so viel Gutes gebracht hat, noch in keiner
Weise genutzt. Afrikas Verwaltungen ihrerseits sollten sich bemühen, derartige Reiseführer auszubilden, und wir sollten ihnen dabei helfen.

Es wäre wichtig, daß auch in Afrika nicht nur einige Staatsmänner, sondern die breite
Bevölkerung stolz auf das wird, was schwarze Menschen bisher besser gemacht haben
als die übrige Menschheit.

Erstaunliche Tiere, die Topis

Unbeweglich, wie ein Denkmal, steht auf einem Ameisenhügel ein großer Antilopenbock – ein Topi (Damaliscus lunatus topi). Die Sonne spiegelt sich in seinem braunen Fell mit den leuchtend gelben Beinen und den deutlich abgesetzten, lilaschwarzen Flächen an der Außenseite von Vorder- und Hinterschenkel und am Kopf. Geputzt und gestriegelt wirkt das Tier und hebt sich bunt von dem leuchtend blauen Himmel der Serengeti ab.

Der Topi steht dort oben, um seinen Eigenbezirk zu überwachen. Manchmal trabt und galoppiert er auch an dessen Grenzen entlang. Ziehen Weiber und Jungtiere durch sein Gebiet, so begleitet er sie; ist eine brünftig, paart er sich mit ihr. Nähert sich jedoch einer der Besitzer des Nachbarbezirks, und wenn es nur bis dicht an die Grenze ist, dann gibt es einen Kampf. Keinen wütenden allerdings, bei dem die Haare fliegen und das Blut tropft, wie etwa bei Feldhasen, Wildkaninchen oder Hirschen – die beiden fechten nur einen Scheinkampf aus. Sie stehen sich gegenüber, sehen sich eine Weile an. Dann dreht einer den Kopf zur Seite, später der andere. Beide gehen in die Knie, gleichzeitig, und legen die Hörner gegeneinander. Eine Weile später drücken sie mit allen Kräften, so daß einer zurückgeschoben wird. Aber zwischendurch stehen sie auch bloß da, einer kratzt sich mit den Füßen. Niemals ein plötzlicher Stoß, niemals die Absicht, den anderen wirklich zu verletzen oder gar zu erstechen. Schließlich macht der Eindringling kehrt und geht in seinen Bezirk zurück, ohne daß der Gegner ihm folgt. So ein Eigenbezirk hat einen Umfang von zwei- bis vierhundert Metern.

Als mein Sohn und ich 1957 zum ersten Mal in der Serengeti Topis zählten, gab es 5172 dieser Tiere. Vier Jahre später zählte Lee Talbot in dem erweiterten Serengeti-Park bereits 15 000 und Hugh Lamprey 1971 sogar 40 000. In den letzten dreiundzwanzig Jahren haben sich die Großtiere in diesem Gebiet verfünffacht; inzwischen zählen sie über zwei Millionen Köpfe.

Die Topis, die in die Gruppe der Leier-Antilopen gehören, sind in den Grassteppen ganz Ostafrikas – soweit diese überhaupt noch Großtiere beherbergen – zu finden. In den letzten zwei Jahrzehnten haben die Biologen beobachtet, daß diese Tiere recht unterschiedliche Lebensgewohnheiten haben. Während der eine Bock in seinem Eigenbezirk steht und auf Weiber wartet, lebt ein anderer mit seiner Familie von mehreren Weibchen und Jungtieren zusammen. Neben diesen Harem-Herden gibt es außerdem Junggesellen-Herden, zu denen sich die unbeweibten Böcke, vor allem die jungen, zusammenschließen.

Dann wieder finden sich, in manchen Jahreszeiten und in bestimmten Gegenden, Familiengruppen zu Riesenherden von drei- bis fünftausend Köpfen zusammen, wie etwa in der Ndoha- und der Dutwa-Ebene im westlichen »Korridor« der Serengeti, wo sie sich gegen den Viktoria-See hin erstreckt. Die Böcke in diesen Herden richten sich regelrechte »Kampfarenen« ein. Dort wird das Gras durch ständiges Trampeln und Laufen kurzgehalten, dort jagen sie einander mit geblähten Nüstern und im Tänzelschritt. Jeder Bock hat einen besonderen Platz, den er sein eigen nennt und wo er täglich seinen Dung auf demselben Haufen absetzt. Dieser Kampfplatz, der bei einer Herde von tausend Köpfen etwa einen Quadratkilometer groß ist, liegt immer bei einem flachen Regenwassertümpel, in dem die Tiere gern herumplantschen. Während der Brunftzeit be-

treten auch weibliche Tiere den Kampfplatz, um sich dort decken zu lassen. Später teilen sich die Herden in der Regel wieder auf.

Topis weiden nur Gras. Niemals rühren sie Zweige oder Blätter an. Die Jungen kommen in der Serengeti meist im September zur Welt. In den ersten Tagen bleiben sie oft, während die weiblichen Tiere zum Weiden gehen, in einem »Kindergarten« zusammen, der von ein oder zwei Muttertieren beaufsichtigt wird.

Wenn die offenen Steppen in der Trockenzeit völlig verdorren und das Gras obendrein noch durch ein Steppenfeuer abgebrannt ist, muß selbst der Topibock seinen Eigenbezirk verlassen. Aber sein Herz hängt weiter daran. Einzelne Bullen gehen während der Trockenzeit sogar fünfzehn Kilometer bis zu ihrem Eigenbezirk, der inzwischen durch Steppenfeuer und durch Überweidung von Gnus völlig nahrungslos geworden ist. Dennoch kennzeichnen die Böcke diesen Bezirk erneut mit Duftmarken aus ihren Voraugendrüsen, setzen ihren Kot an der alten Stelle ab und kehren die weite Strecke zu ihrer Gruppe zurück.

Die Topis können übrigens recht gut laufen. Als Patrick Duncan vom Michael-Grzimek-Gedächtnis-Laboratorium mehr als zwanzig von ihnen zu wissenschaftlichen Untersuchungen einfangen wollte, um sie zu kennzeichnen, verfolgte er sie mit dem Wagen. Bei einer Geschwindigkeit von 65 km/st brauchte er bis zu acht Kilometer, bis er sie allmählich eingeholt hatte.

Erstaunliche Tiere, diese Topis.

Die Schlafgewohnheiten der Giraffen

Halt!« sage ich und berühre Christian, der neben mir am Steuer des VW-Busses sitzt, am Ellenbogen. Ich habe gerade erzählt, daß eine Giraffe sich während der Beförderung von Ostafrika nach dem Zoo Dvur Kralove in der Tschechei während dreißig Tagen nicht einmal hingelegt hat. Aber jetzt dämpfe ich unwillkürlich meine Stimme, obwohl die Giraffen dort draußen sich gewiß nicht um unsere Unterhaltung kümmern. Schnell setze ich das Fernobjektiv auf meine große Rollei und ziele. Hoffentlich wacht sie jetzt nicht auf. Nein, ich erwische sie gerade noch.

»Was regst du dich eigentlich so über die paar Giraffen auf?« fragen meine Begleiter. »Du mußt doch genug Giraffen im Leben gesehen und geknipst haben!«

Ich kann sie verstehen. Was soll man im Nairobi-Nationalpark schon erwarten. Im Hintergrund sieht man die ständig höher werdenden Hochhäuser der anschwellenden Großstadt Nairobi, die vor dem Ersten Weltkrieg auf Landkarten überhaupt noch nicht verzeichnet war. Gerade habe ich hier in Kenia Bekannte getroffen, mit denen ich schnell vor die Tore der Stadt gefahren bin, um ihnen in zwei, drei Stunden auf bequeme Weise ein paar afrikanische Tiere zu zeigen. Elefanten gibt es allerdings keine, und Löwen sind auch nicht zu sehen, weil sie gerade aus dem Park heraus in die Villen-Vororte von Nairobi gewandert sind und dort Reitpferde umbringen. Im Augenblick ist es überhaupt schwer, erwartungsvollen Besuchern aus Übersee in Kenia wirkliches Wildleben vorzuführen. Zwar strömen während der Wintermonate immer mehr Reisende hierher, doch die Nationalparks sind weitgehend leergewildert. Für den Bau von Hotels und Straßen wurde Geld genug ausgegeben, für die Wilddiebbekämpfung dagegen zu wenig. Viel zu spät, ab März 1978, hat man den Handel mit Trophäen, mit Elfenbein und Häuten, verboten. Bis dahin konnten Wilddiebtrupps aus Somalia mit Autos und modernen Schußwaffen ungehindert durch das ganze Land fahren und so manchen bestechen. Jetzt endlich beginnt man durchzugreifen, aber es wird wohl lange Zeit dauern, bis die alte

Herrlichkeit wieder da ist. Auch die unglaublichen Riesenherden von über zwei Millionen Großtieren auf den Serengeti-Ebenen oder in den anderen neun Nationalparks von Tansania kann man von Kenia aus nicht mehr besuchen, denn die beiden Länder liegen im Streit miteinander. Man muß jetzt unmittelbar nach Arusha oder nach Dar es Salaam fliegen oder sich nach Uganda, Ruanda, Malawi, Sambia und Zaire begeben.

Wie gut, daß ich bei diesem Ausflug in den Nairobi-Nationalpark doch meine Kamera schußfertig auf dem Schoß liegen hatte. Ich nehme sie eigentlich immer mit; denn wenn ich einmal keine Kamera bei mir habe, dann stellt sich bestimmt ein Elefant mit dem Rüssel auf den Kopf, und keiner glaubt mir's hinterher...

Dieses Bild, das ich an diesem Nachmittag aufgenommen habe, hat seine Vorgeschichte, und zwar eine sehr lange. Anfang der fünfziger Jahre haben wir im Frankfurter Zoo die Schlafgewohnheiten von Löwen, Elefanten und anderen Tieren untersucht. 1954 wachten im neu erbauten Giraffenhaus von Juni bis Oktober, und dann erneut im März und April 1956, immer wieder zwei angehende Zoologen, Herbert Gebbing und Klaus Immelmann, der heute längst Professor an der Universität Bielefeld ist. Sie stellten verblüffende Dinge fest. Etwa eine Stunde, nachdem die letzten Besucher das Haus verlassen hatten, d. h. ungefähr bei Einbruch der Abenddämmerung, legten sich die Giraffen zum ersten Mal nieder. Die Vorderbeine und ein Hinterbein wurden dabei unter den Körper gewinkelt; das andere Hinterbein streckten sie zur Seite ab, wobei sie ziemlich regelmäßig zwischen dem linken und rechten abwechselten. Der Hals der ruhenden Giraffen aber blieb aufgerichtet. Entweder käuten die Tiere wieder oder lagen bloß still da. Wir würden das wohl als »Dösen«, als leichten Schlaf bezeichnen. Die Giraffen bewegten sich nicht, nur die Ohren spielten. Langsam gingen die Augen zu, waren mitunter für einige Minuten ganz geschlossen. Die beiden Beobachter konnten nicht genau aufschreiben, wie lange dieses »Dösen« jeweils dauerte, da sie nicht sicher festzustellen vermochten, wann es begann und wann es endete. Der Giraffenbulle Otto stand einmal sogar zehn Minuten lang mit geschlossenen Augen in einer Ecke.

Niemals aber blieben die Giraffen die ganze Nacht hindurch liegen. Spätestens nach drei Stunden und fünfzig Minuten, frühestens nach elf Minuten, stellte sich ein Tier wieder auf die Beine. Im Durchschnitt standen sie etwa alle zwei Stunden auf, um Kot und Harn abzugeben und wieder Nahrung aufzunehmen. Giraffen müssen – wie Elefanten auch – also mehrmals in der Nacht Darm und Blase entleeren. Meist bleiben sie dann zwischen fünfundvierzig und sechzig Minuten – manchmal auch mehr als zwei Stunden – stehen, gehen umher oder weiden, dann legen sie sich erneut hin. Im Verlauf einer Nacht hatten sie drei bis fünf Ruhepausen eingelegt, die insgesamt sieben bis neun Stunden dauern. Nur die Jungtiere stehen häufiger auf.

So weit, so gut. Diese Art des Schlafes, mit erhobenem Hals und Kopf, war an sich für keinen Zoomann etwas Neues. Die beiden jungen Wissenschaftler entdeckten aber, daß die Giraffen zwischendurch auch in Tiefschlaf verfielen. Sie bogen den Hals dann henkelförmig nach hinten, so daß die Spitze des Kopfes hinter dem Laufgelenk des Hinterbeines den Boden berührte und der Unterkiefer auf dem Unterschenkel auflag. Auch hierbei wechselten sie rechts und links ab.

Andere Wiederkäuer, etwa Kühe oder Antilopen verhalten sich ganz ähnlich, nur daß ihr kurzer, biegsamer Hals unmittelbar seitwärts auf dem Körper und der Kopf auf dem Hinterbein liegt. So schlafen übrigens auch Giraffenkinder, deren Hals noch kurz ist. Der lange Hals der ausgewachsenen Tiere aber läßt sich nicht so flach anlegen; er bildet einen richtigen Bogen, durch den man hindurchsehen kann. Das war neu für uns alle.

Dieser Tiefschlaf der Giraffen hält nur kurze Zeit an, längstens zwölf Minuten; das kürzeste war eine, der Durchschnitt drei bis vier Minuten. Im Lauf einer Nacht verfielen die Giraffen höchstens fünf- bis zehnmal in Tiefschlaf, der insgesamt nicht länger als zwanzig Minuten dauerte. Nur die Jungtiere bilden auch hier eine Ausnahme: Thulo, der in Frankfurt geboren wurde, lag oft fünfzehn bis zwanzig Minuten mit aufgelegtem Kopf da, insgesamt etwa siebzig Minuten in einer Nacht.

Wäre es Klaus Immelmann nicht gelungen, eine unserer Giraffen im Tiefschlaf mit zurückgelegtem Kopf aufzunehmen, hätte uns niemand diese Beobachtung geglaubt. Aber kurze Zeit nach der Veröffentlichung in Band 19 der »Zeitschrift für Tierpsychologie« schrieb ein angesehener Fachwissenschaftler, es könne sich nur um Gefangenschafts-Angewohnheiten handeln; in der Freiheit verhielten Giraffen sich anders, sonst wäre es sicher in Afrika schon einmal beobachtet worden. Ein paar Jahre später schrieb mir zwar ein Südafrikaner, er habe eine Giraffe in dieser Haltung liegen gesehen, aber er hatte kein Bild davon aufgenommen. Wiederum einige Jahre später fand G. Tembrock in einem alten Buch über Menagerien aus dem Jahre 1835 die Beschreibung: »Wenn die Giraffe schläft, beugt sie den Hals zurück und stützt den Kopf auf das Hinterteil.«

Das ist die Vorgeschichte des Bildes, darum war ich so aufgeregt. Ausgerechnet auf einer Nachmittagsfahrt im vielbesuchten und bekannten Nairobi-Nationalpark fand ich den Beweis. Das Foto ist auf den nächsten Seiten zu sehen. Noch am selben Tage sagte mir Ted Goss, der Wildwart des Tsavo-Nationalparks, er hätte im Verlauf von achtzehn Jahren in der afrikanischen Wildnis noch niemals eine Giraffe so schlafen gesehen. Wahrscheinlich liegt das daran, daß sie diese Haltung gewöhnlich nur in der Nacht einnehmen.

Aber es gibt noch viel seltenere Dinge, die einem niemand glauben würde, wenn man sie nicht mit einem Lichtbild belegen könnte.

Am 7. November 1970 wurde im Tarangire-Nationalpark von Tansania in Ostafrika ein toter Elefant gefunden, der von einem Baobab-Baum erschlagen worden war. Elefanten reißen bekanntlich in der Trockenzeit häufig die Rinde von Bäumen ab, um sie zu verzehren, oder brechen einfach ganze Bäume, um an die Blätter der Gipfel zu gelangen. Die gewaltigen Baobab-Bäume, die in der Sage und Religion Afrikas eine große Rolle spielen, sind besonders begehrt, weil sie in ihren umfangreichen Stämmen Wasser speichern. In diesem Fall hatte eine Gruppe von Elefanten den Stamm des Baobab-Baumes so aufgerissen, zerfleddert und immer mehr abgetragen, bis der Baumriese plötzlich umstürzte und einen jungen Bullen unter sich begrub. Er wurde schon am nächsten Tag aufgefunden (vgl. das Bild auf Seite 156/157). Den Hyänen und anderen Aasvertilgern war es noch nicht gelungen, durch die feste zähe Haut an das Fleisch und die Eingeweide zu gelangen. Mir fiel besonders auf, daß das Tier selbst im Tod den Kopf angehoben hielt.

Dabei handelte es sich nicht um Totenstarre. Möglicherweise wurde diese Kopfhaltung durch die Sehnenbänder verursacht, die Kopf und Rücken verbinden. Mein Freund Dr. John Owen, ein Jahrzehnt lang Direktor der Nationalparks von Tansania und früher einmal – wie so viele Naturschützer – ein großer Jäger, hatte nämlich zwanzig Jahre früher im Sudan etwas noch Merkwürdigeres erlebt:

»Ich traf in fünfunddreißig Meter Entfernung auf einen Elefanten und zielte auf das Herz«, so erzählte er mir, »ich feuerte rasch hintereinander beide Kugeln ab. Der Elefant lief etwa zehn Meter und brach dann in die Knie. Er raffte sich aber sofort wieder auf, ging weitere zehn Meter und blieb dann stehen, immer noch mit der Breitseite zu mir. Ich feuerte zwei weitere Schüsse in das Herz. Er bewegte sich nicht. Ich wechselte auf ein anderes Gewehr über und jagte ihm vier Ladungen ins Gehirn. Noch immer rührte sich das Tier überhaupt nicht, obwohl ich die Kugeln einschlagen hören konnte. Ich vermutete, daß sich vielleicht die Zielrichtung meines Gewehres verbogen hätte, nahm deshalb ein Polizeigewehr und schoß fünfmal ins Herz. Alle diese Ladungen waren sehr sorgfältig aus sitzender Stellung gezielt. Die Wirkung aber war dieselbe, als ob ich auf einen Felsbrocken geschossen hätte. Etwa fünf Minuten lang blieben wir sitzen und beobachteten nur, ohne einen weiteren Schuß abzugeben. Der Abstand war zu groß, um zu sehen, ob das Tier atmete. Rüssel und Schwanz hingen bewegungslos. Ich empfand ein unheimliches Gefühl völliger Machtlosigkeit, wie in einem Alptraum. Plötzlich kippte das große Tier um und krachte auf die Erde. Als wir es näher besichtigten, stellten wir fest, daß alle auf den Körper abgegebenen Schüsse entweder das Herz oder die großen Arterien getroffen hatten und daß mindestens zwei der Kopfschüsse das Gehirn erreicht haben mußten.

Wenn ich mir die ganze Angelegenheit nachträglich überlege, wäre die naheliegendste Erklärung: Der Elefant wurde durch einen der ersten Schüsse getötet, im Augenblick seines Todes hatten sich jedoch die Muskeln plötzlich versteift. Ein Jahr später erzählte mir einer der erfahrensten Großwildjäger Kenias, er habe einen ganz ähnlichen

Fall in Rhodesien erlebt. Auch dort stand der Elefant offensichtlich leblos so lange Zeit weiter auf den Beinen, daß der Jäger einen Gewehrträger ins Lager schickte, um seine Kamera zu holen. Bevor der Träger jedoch zurückkehrte, war der Elefant zusammengebrochen. Zweifellos wird aber unser beider Ruf der Wahrhaftigkeit jedesmal leiden, sobald wir die Geschichte erzählen.«

Ich habe noch mehrere solcher Fälle erfahren. G. Gustav Stanton hat 1939 bei Bor im Sudan acht Schüsse auf das Herz eines Elefantenbullen abgeschossen, ohne daß dieser sich zunächst überhaupt bewegt hätte. Endlich brach er langsam zusammen. Er wurde aufgeschnitten, und man stellte fest, daß das Herz vielfach von Kugeln durchlöchert war. Prof. Dr. J. Böhler schrieb mir: »Anscheinend ist es nicht allzu selten, daß ein verstorbener Elefant nicht umfällt, sondern nur in die Knie geht und das Haupt dabei in der Höhe bleibt. Vor einigen Jahren habe ich in Kenia einer Elefantenjagd beigewohnt. Der erste Schuß erfolgte in die Herzgegend. Der Elefant zog dann langsam weiter, so daß noch einige Schüsse abgegeben wurden. Nach etwa siebzig Metern knickte der Elefant in die Knie und blieb regungslos in dieser Stellung. Nach der Erfahrung, daß ein Tier, das sein Haupt noch hochhält, noch nicht verstorben ist, wurden noch einige Schüsse auf das Gehirn gerichtet. Bei jedem Kopfschuß machte das Haupt einige federnde Bewegungen, ohne seine Stellung zu verändern. Da der Kopf nicht auf den Stoßzähnen ruhte, sondern lediglich der herabhängende Rüssel die Erde berührte, konnte nur das sehr kräftige Ligamentum nuchae (Kopfwirbelsäulen-Band) den Kopf aufrechthalten. Eine Totenstarre kommt unmittelbar nach dem Ableben nicht in Frage, dagegen spricht auch die wippende Bewegung des Hauptes bei jedem Kopfschuß.«

Der Hauptwildwart und eine Filmmannschaft entkamen im Kidepo-Nationalpark Ugandas nur mit Not einem angreifenden Elefanten. Die Kuh bohrte ihre Zähne in die Seitentüren des Geländewagens und wirbelte das Gefährt dann herum, weil sie sich bemühte, die Stoßzähne wieder herauszuziehen. Als sie ein paar Sekunden später zum zweitenmal angriff, war das Fahrzeug bereits leer. Die Kuh hatte nicht bemerkt, daß die Insassen weggelaufen waren. Deswegen ließ sie ihre Wut weiter an dem Fahrzeug aus, zersplitterte die Türen und riß Metallteile ab. Die Filmleute waren nicht traurig darüber, da sie den ganzen Angriff filmen konnten.

Nicht minder großes Entsetzen rief ein Elefant im Mikumi-Nationalpark in Tansania hervor. Eines Nachts entstand großer Lärm bei den Dienerunterkünften, die zum Haus des Hauptwildwartes gehören. Der völlig verwirrte Koch erzählte seine Geschichte am nächsten Morgen. Er erwachte jäh, weil ein Elefant »in sein Ohr trompetete«, jedenfalls kam es ihm so vor. Der Mann sprang aus dem Bett und sah zum Fenster hinaus. Zwei riesige männliche Löwen waren in wilder Flucht vor einem gewaltigen, kreischenden Elefanten, der dicht hinter ihnen rannte. Die einzige Zuflucht, welche die Löwen hier hatten, war die kleine, an den Seiten offene Veranda am Hause des Kochs. Auf diese sprangen sie und warfen dabei eine leere Mülltonne und den eisernen Tisch um. Es war ein fürchterlicher Wirrwarr. Die Löwen saßen mit dem Rücken zur Wand; einer der »Könige der Tiere« versuchte, sich in der Ecke der Veranda so klein wie möglich zu machen, der andere stellte sich unterhalb des Fensters zur Verteidigung auf, durch das der Koch heraussah. Der Elefant ging so weit auf die Löwen zu, wie das Dach darüber es zuließ. Sein gewaltiger Körper mit dem hin- und herschwingenden Rüssel schnitt den einzigen Fluchtweg ab. Jedesmal, wenn sein Rüssel die Löwen bedrohte, fauchten diese tief und drohend, worauf er dieses leicht verwundbare Glied zurückzog. So standen sich die feindlichen Parteien etwa eine Stunde gegenüber. Dann wurde dem Elefanten die Sache zu langweilig und er ging weg. Die erleichterten »Könige« verschwanden in der Nacht, und der Koch kroch wieder in sein Bett.

Die Elefanten im Mikumipark hatten zeitweise überhaupt sehr wenig Scheu vor Menschen. Ein freundlicher Elefantenbulle, der sich häufig an der Besucherunterkunft aufhielt, wurde allgemein Balozi (Konsul) genannt. Eines späten Abends begann er sich merkwürdig für einen Volkswagen zu interessieren, der außerhalb der Unterkunft geparkt war. Er fühlte unter das linke vordere Kotblech und beschäftigte sich immer mehr damit, bis er schließlich weggejagt werden mußte. Als wir nachsahen, stellte sich heraus, daß die Innenseite des Kotbleches mit Rohrzuckermelasse gespritzt worden war. Am folgenden Morgen kam Balozi zurück und versuchte, unter eines der hinteren Kotbleche zu langen. In seiner Aufregung stieß er den VW umher. Wieder mußte er verjagt werden. Schließlich kam heraus, daß der Volkswagen von der Kilombero-Zuckerplantage kam, wo man die Straßen kürzlich mit Melasse gespritzt hatte, um den Staub zu binden!

Ein anderes Mal tobte ein Rudel von zehn männlichen Büffeln eine Stunde lang in der Nacht am Haus des Wildwartes. Die Büffel ärgerten sich über die Löwen und wollten sie offensichtlich vertreiben. Das Fauchen, Schnauben und Brummen hörte gar nicht auf. Ein Löwe verbarg sich zeitweise auf der Veranda des Hauses.

An einem heißen Sonntagmorgen ging ein junger Löwe, der sich gerade an einem frisch erbeuteten Gnu den Bauch vollgeschlagen hatte, in den Raum des Kassierers am Eingang des Parks. Der Kassierer ließ sich in keinen Streit ein und zog sich schleunigst in das angrenzende Museum zurück. Der Löwe streckte sich auf dem kühlen Zementboden des Kassenraumes aus. Als er durstig wurde, ging er zu dem kleinen Springbrunnen in der Bar des Mikumi-Hotels, das nicht weit davon entfernt liegt. Nachdem er seinen Durst gelöscht hatte, legte er sich ganz erschöpft, aber sehr zufrieden, genau in die Eingangshalle. Endlich erschien eine Weile später der Rechnungsführer des Nationalparks im Geländewagen und vertrieb ihn.

Seite 153
Bevor Giraffenbullen Weibchen wie hier erobern, kommt es zwischen ihnen häufig zu erbitterten Kämpfen, die der langen Hälse wegen wie in Zeitlupentempo ausgefochten erscheinen.

Seite 154 oben
Siebenunddreißig Giraffen stehen hier in der Serengeti zusammen. Insgesamt leben in diesem Nationalpark Tansanias etwa neuntausend, dazu eindreiviertel Millionen anderer Großtiere. Die Nager und die anderen Kleintiere wiegen jedoch, zusammengenommen, ebensoviel wie die Großtiere; die Raubtiere machen noch nicht einmal ein Hundertstel ihres Gewichtes aus. In der Serengeti leben auf einer Fläche von der Größe Oberbayerns so viele Huftiere wie in der ganzen Bundesrepublik – und das auf halbtrockenem, dürftigen Steppenboden.

Seite 154 unten
Auf diesem Bild sieht man eine stehende Giraffe. Eine zweite liegt mit aufgerichtetem Hals. Die dritte hat den Kopf zurückgebogen und befindet sich im Tiefschlaf. Das ist meines Wissens das erste Bild einer Giraffe im Tiefschlaf, das jemals in Afrika aufgenommen worden ist. (Der gebogene Hals ganz rechts auf dem Bild ist leicht zu übersehen.)

Seite 155
Wenn in der Trockenzeit die Steppe abbrennt, flüchten die Großtiere keineswegs in wildem Schrecken davon, wie es oft in Filmen dargestellt wird. Im Gegenteil, viele Vögel werden sogar angelockt, um die verbrannten oder flüchtenden Kerbtiere zu fangen.

Seite 156/157
Dieser Elefant ist von einem umgestürzten Baobab-Baum erschlagen worden. Trotzdem hält die Elefantenleiche den schweren Kopf noch frei in der Luft. Wie ist das möglich?

Seite 158 oben
Auch in Europa kommen Gottesanbeterinnen-Arten vor. In der Bundesrepublik dürften die letzten jedoch inzwischen dem fortschreitenden Urbarmachen des Ödlandes zum Opfer gefallen sein. Die meisten Gottesanbeterinnen leben in Afrika und spielen dort in den Göttervorstellungen der Einheimischen eine große Rolle. Die »Bethaltung« der Fangbeine besteht darin, daß sie eng nebeneinander vor der Vorderbrust getragen werden. Sie sind außerdem mit Dornreihen bewehrt; zum Fang werden sie in einer zwanzigstel Sekunde vorgeworfen und zurückgezogen, so daß dem überraschten Beutetier keine Zeit zur Flucht bleibt.

Seite 158 unten
Hier paaren sich die Gottesanbeterinnen.

Seite 159
Bei Neumond und sternenlosem, wolkenbedecktem Himmel kann man Wildtiere vielfach mit starken Scheinwerfern anstrahlen, ohne daß sie sich daran stören. Uns gelang es bei Forschungsarbeiten in der Serengeti sogar, Gazellen auf diese Weise mit der Hand zu greifen. Scheint aber wie auf dem Bild der Mond, ist das nicht möglich.

Seite 160 oben
Warzenschwein-Elternpaare haben ihre Kinderschar zusammengetan und ziehen mit ihnen gemeinsam über die Steppe.

Seite 160 unten
Die Zahl der Flamingos an den ostafrikanischen Seen wechselt in jedem Jahr, manchmal zu jeder Jahreszeit. Mal sind es Zehntausende, wie hier auf dem Boden des Ngorongoro-Kraters in Tansania, in anderen Jahren mögen es wieder nur ein paar Hundert sein. Die Flamingos ziehen von See zu See – je nachdem, wieviel Algen sich darin entwickelt haben. Aber sie brüten durchaus nicht an jedem dieser Gewässer.

Wie häufig menschliche Todesfälle, sicherlich zu Unrecht, wilden Tieren zur Last gelegt werden, zeigt folgender Vorfall:

Am 24. April 1979 erhielt Michael D. Webley, Wildwart des Narokbezirkes in Kenia, einen Bericht, daß im Mau-Gebirge drei Kinder von einem Löwen getötet und verzehrt worden seien. Das war recht ungewöhnlich, weil es dort verhältnismäßig wenig Löwen gibt und so etwas zudem noch niemals vorgefallen war.

Michael Webley fuhr also zur Manyatta, der eingezäumten Behausung der Massai, aus der die getöteten Jungen stammten, hin und bestand darauf, an den Schauplatz des schrecklichen Ereignisses geführt zu werden. Einer der Väter begleitete schließlich leicht widerstrebend den Wildwart und seine Wildhüter. Sie forderten ihn auf, alles zu berichten, was er über die Todesfälle wußte. Er erzählte, die Jungen hätten die Manyatta vor vier oder fünf Tagen verlassen, um die Rinderherden ihrer Eltern zu hüten. Am selben Tag noch gab es ein heftiges Gewitter: die Rinder kamen am Abend ohne die Kinder zurück. Die Eltern machten sich sofort auf die Suche und entdeckten vier Tage später ihre Überreste.

Die Eltern waren überzeugt, die Kinder seien von Löwen umgebracht und verzehrt worden. Nach längerem Marschieren erreichte die Gruppe des Wildwarts den Unglücksplatz hoch oben an den Berghängen. Und bald fanden sie den aufregenden Sachverhalt heraus, der sich in Wirklichkeit zugetragen hatte.

Die Jungen hatten unter einem großen Baum neben einem kleinen Gebirgsfluß Unterschlupf vor dem Sturmregen gesucht. Wie der verbrannte Baumstumpf sowie die versengten Büsche und das Gras ringsum erkennen ließen, war der Baum vom Blitz getroffen worden. Der Blitzstrahl hatte ein großes Loch in die Erde gerissen. Die Kinder müssen augenblicklich tot gewesen sein. Ein Leopard hatte die Leiche eines der Jungen bis in den Baumwipfel emporgetragen – so, als ob er ihn selbst getötet hätte – und dort verzehrt. Die Spuren seiner Krallen am Baumstumpf und an den Zweigen waren deutlich zu erkennen. Reste des unglücklichen Kindes hingen noch immer im Baum. Die beiden anderen Jungen waren von Hyänen verzehrt worden, was ebenfalls eindeutig zu sehen war.

Als der Wildwart den Vater eingehender befragte, gab dieser zu, daß er eigentlich recht genau gewußt hatte, wie sich alles abgespielt hatte. Aber er wußte auch, daß die Regierung Entschädigungen an die Verwandten von Menschen zahlt, die von wilden Tieren getötet worden sind – und so hatte er eben sein Glück versucht!

Im Ballon über den Kilimandscharo

Für mich gehören »Afrika« und »Fliegen« zusammen. Mein Sohn Michael und ich haben ja vor über zwanzig Jahren die ersten Kleinflugzeuge in die Wildschutzgebiete, die Nationalparks Afrikas, eingeführt: Michael ist später dort mit einem Kleinflugzeug verunglückt. Wir haben so die Wanderungen der letzten großen Wildtierherden auf Erden in der Serengeti erforscht und sie erstmals gezählt. Nebenbei kam heraus, daß aus der Luft endlich die Wilddiebe richtig zu bekämpfen sind. Nur von oben lassen sich ihre Lager entdecken: die Zäune mit den grausamen Drahtschlingen dazwischen. Vom Flugzeug aus kann man die Wildhüter zu den Diebeshorden lenken und immer wieder überraschend überwachen, ob die Wächter in menschenferner Wildnis wirklich an ihrem Posten sind – und nicht Erholungsbesuche im nächsten Dorf machen...

So haben wir in den vergangenen Jahren allein neunzehn Kleinflugzeuge (meist billig gebraucht gekauft) für die Nationalparks der ganzen Welt, vorwiegend aber nach Afrika, gestiftet – aus den Mitteln meiner Fernsehsammlung »Hilfe für die bedrohte Tierwelt« (Postscheck Frankfurt 47-601). Ob in der Serengeti in einem Jahr viele Nashörner, Leoparden, Löwen, Geparde und Büffel umgebracht werden, wie viele Wilddiebe vor den Richter gestellt werden, das hängt sehr stark davon ab, ob Flugzeuge, genug Benzin und gute Piloten verfügbar sind. Nicht nur mein eigenes Flugzeug, auch die der Wildwarte weisen inzwischen Einschüsse von Wilddieben auf. Einer unserer Piloten, der ahnungslos während des Idi-Amin-Umsturzes aus dem Kongo nach Ostafrika flog, saß nach einer Zwischenlandung in Uganda vier Wochen im Gefängnis, bis ich endlich davon erfuhr und ihn herausholen konnte; ich selbst war bei einem ähnlichen Anlaß acht Tage im Sudan verhaftet.

Inzwischen haben wir einen dritten (erst völlig ungeahnten) Vorteil von eigenen Kleinflugzeugen entdeckt. Kommen nämlich bedeutende Politiker oder einflußreiche Geschäftsleute etwa nach Nairobi, so ist es schwer, sie zu bewegen, in tagelanger Fahrt im Geländewagen zu einem der entfernt liegenden, wirklich großen Nationalparks wie die Serengeti oder den Ngorongoro zu fahren. Kann man aber sagen: »In anderthalb Flugstunden querfeldein sind Sie dort«, dann schafft man es. Wer einmal ganz allein im Busch, abends von Löwen umgeben, am Lagerfeuer gesessen hat, der vergißt das nie wieder im Leben und fährt begeistert nach Hause. Wie oft hat sich das schon für unsere Nationalparks bezahlt gemacht.

Fürs Filmen allerdings haben Flugzeuge den Nachteil, daß sie viel zu schnell fliegen. Aus diesem Grunde habe ich ein Segelflugzeug in Afrika, das sehr viel langsamer dahingleiten kann. Hubschrauber, die mir immer wieder von meinen Lesern vorgeschlagen werden, brauchen lang ausgebildete Piloten und müssen nach viel kürzerer Zeit kostspielig überholt werden. Auf eine neue Art, sich in Afrikas Lüften zu tummeln, kam dann Alan Root. Er hat als junger Mann einige der besten Aufnahmen in unserem Film »Serengeti darf nicht sterben« gemacht; ich habe ihn nach Indien, Australien und Südamerika geschickt, und wir haben zusammen dort und in Afrika viele Abenteuer erlebt. Er hat mich überredet, hinter aufgeblasenen, dünnwandigen Plastiktieren mit Nashörnern zu kämpfen und uns auf die gleiche Weise mit Löwen und Elefanten anzulegen; wir mußten gemeinsam im Bürgerkrieg vor der Soldateska aus dem Kongo flüchten. Von Jahr zu Jahr hat Alan waghalsigere Filme gedreht.

Vor Jahren besuchte mich ein junger Engländer in Frankfurt. Er wollte mich überzeugen, wie gut man von einem Ballon aus Tierforschung betreiben könnte. Mir leuchtete das nicht so ganz ein, denn ich war ein paarmal in Europa mit so einem Ding aufgestiegen. Nach meinem Gefühl begibt man sich darin zu sehr »in Gottes Hand« — man kann so gut wie gar nicht bestimmen, wohin einen diese Riesenblase trägt und wie lange man in der Luft bleibt. Aber immerhin hat Jules Verne, der nahezu hellseherische französische Begründer des technischen Entdeckerromans, vor über hundert Jahren seinen Schriftstellerruhm mit Büchern über Ballonfahrten begründet; erst später kamen die Reisen nach dem Mond, dem Mittelpunkt der Erde und im U-Boot hinzu. Jules Verne hatte den Titel einer Zeitung erfunden, die den — nie veranstalteten — Märchen-Ballonflug bezahlte. Zufällig gibt es heutzutage in England eine Tageszeitung, die wirklich so heißt, und die bezahlte demzufolge jetzt das Ballonabenteuer in Afrika. Natürlich machte auch Alan Root mit. Aber das Ballonfliegen war in der Wildnis schwierig. Die Ballons mußten mit hochbrennbarem Wasserstoff aufgeblasen werden, der in schweren Flaschen aus Eisen befördert wurde. Ließ man das Gas aus dem Ballon ab, um rasch aus aufsteigenden Luftströmen heraus wieder in Erdnähe zu kommen, dann war die Auftriebskraft dahin, und es war schwer möglich, neue Riesenstahlflaschen durch die Wildnis dorthin zu bringen, wo der Ballon gerade gelandet war.

Das alles hat sich geändert, seit man auf die Heißluftballons zurückgekommen ist, mit denen die Brüder Montgolfier 1783 bei Paris die menschliche Luftfahrt begonnen

Seite 165
Was ich schon früher im Kleinflugzeug geschafft hatte – meine Frau und mein Sohn wurden bewußtlos dabei –, wollen die Roots mit dem langsam und ruhig fliegenden Ballon erreichen: von oben in den riesigen Kilimandscharo-Krater hineinzusehen.

Seite 166 oben
Die Eisgletscher am Kilimandscharo reichen von der Spitze etwa 1500 Meter weit hinab.

Seite 166 unten
Die Temperatur am Kilimandscharo-Gipfel kann zwischen Mitternacht und Mittag einen Unterschied bis zu 39 °C aufweisen. Warme Kleidung ist deshalb dringend zu empfehlen.

Seite 167
Der Kibo, der höchste Punkt in Afrika, ist der jüngste der drei Gipfel des Kilimandscharo und weist noch die Kraterform auf. Die Gletscher an seiner Spitze gehen immer mehr zurück, vielleicht weil das Wetter wärmer geworden oder weil der Berg im Inneren stärker vulkanisch tätig ist. Wahrscheinlich wird diese Eiskappe in ein oder zwei Jahrhunderten verschwunden sein. Der Kilimandscharo wurde durch die deutschen Missionare Johannes Rebmann und Ludwig Krapf 1848 entdeckt und 1889 erstmals von Ludwig Purtscheller bestiegen.

Seite 168/169
Es bedarf großer Vorsicht, den Heißluftballon nach und nach aufzublähen, besonders wenn es windig ist. Denn das Heißluftgerät bleibt zunächst auf der Erde stehen, so daß es schwierig ist, die warme Luft durch die Öffnung an der Unterseite hineinzuleiten.

Seite 170 oben
Ein unbeabsichtigter Zwischenfall: Eine Löwin hat das Halteseil des Ballons mit den Zähnen ergriffen.

Seite 170 unten
Während die Tiere vor dem Lärm der niedrig fliegenden Kleinflugzeuge leicht davonrennen, stört sie der Schatten des lautlosen Ballons nicht. Heute können Afrika-Besucher ohne Schwierigkeiten solche Flüge von Keekorok im westlichen Kenia aus machen.

Seite 171
Hier ist der Auftrieb nicht stark genug; der Ballon berührt die Oberfläche des Naivasha-Sees. Im Ballon leuchtet die Rauchfahne der heizenden Stichflamme. Tatsächlich landete der Ballon eines Tages ganz im Wasser und mußte mit Booten herausgefischt werden.

Seite 172 oben
In ihrem Haus am Naivasha-See ziehen die beiden Roots ein verwaistes Flußpferdkind auf. Es folgt Alan Root sogar vorsichtig bis in seine Dunkelkammer. Weil es sich dort nicht umdrehen kann, geht es stets sehr behutsam rückwärts hinaus.

Seite 172 unten
Ein weiterer Zögling der Roots: eine Streifenhyäne, die schon viele Jahre bei ihnen lebt. Sie spielt gern mit ihrem Herrn. Tiere, die wie Streifenhyänen aussehen, sind schon auf altägyptischen Darstellungen zu sehen; man weiß nicht, ob sie damals zur Jagd benutzt oder etwa nur gemästet und geschlachtet wurden. Das Leben der Streifenhyänen ist bis heute viel weniger erforscht als das der etwas größeren Tüpfelhyäne.

hatten. Jetzt hat man ständig eine kleine Gasflasche im Ballonkorb, dreht den Hahn ein bißchen auf, zündet das Gas an – und eine beliebig lang brennende Stichflamme erhitzt die Luft, die in die Ballonhülle steigt und sie aufbläht. Das vierzig Meter hohe Gebilde hebt sich empor, steiler, je mehr man die Luft erhitzt. Stellt man die Flamme ab, so kühlt sich die heiße, dünne Luft in der Ballonhülle langsam ab, das Fahrzeug nähert sich der Erde. Aber man kann es jederzeit wieder in die Höhe steigen lassen, indem man neue Warmluft hinaufschickt. Nach wie vor muß man sich jedoch mit dem Wind in Richtungen treiben lassen, die man nicht selber bestimmen kann, es sei denn, man steigt weiter auf und gerät dann unter Umständen in Luftströmungen, die woanders hinwehen.

Die ersten Versuche hat Alan bei seinem Haus am Naivasha-See in Kenia gemacht, wo das Ehepaar Root mit einem frei umherlaufenden kleinen Flußpferd, einer Gestreiften Hyäne, Stachelschweinen, Erdferkeln und Ottern zusammen lebt. Ein erfahrener Freiballonfahrer aus England brachte ihm die Sache bei. In dem Bemühen, dicht über dem See zu bleiben, tauchte der Ballonkorb ein paarmal ins Wasser, wurde erst recht schwer, und schließlich mußte man das Seidenungeheuer aus dem See herausfischen.

Die Ballonfliegerei hat einige Tücken. Solange das Riesengefährt am Boden festgehalten wird, treibt der Wind gern die Heißluft von der großen Stichflamme an der Unteröffnung des Ballons vorbei, die sie aufnehmen soll. Ist das Ding allerdings erst mal in der Luft, bewegt es sich völlig im und mit dem Winde; die Flamme steht also immer nach oben. Alan stellte bald fest, daß zumindest die Vögel auf dem See sich an dem Ballon nicht störten. Man konnte außerdem aus dem Korb heraus ausgezeichnet Krebse fangen und sie gleich in der Flamme braten.

Auch die Wildbüffel in der Steppe, oben am Marafluß Kenias, kümmerten sich wenig um das gelbrote Himmelsgebilde. Um Windschutz zu haben, mußte man zum Aufblasen hinter einer Baum- oder Buschgruppe in Deckung gehen, in der meistens auch Tiere steckten. Ein alter Büffelbulle stellte sich immer so nahe und friedlich neben den Ballonleuten auf, daß er schließlich der »Flugplatzaufseher« getauft wurde.

Die Sache ließ sich immer besser an. Alan erwarb seinen Ballonführerschein und wagte es, seine Kameras mit in die Luft zu nehmen. Allerdings wurde ihm bald klar: Nicht er, sondern seine Frau Joan müßte eigentlich den Ballon fliegen. Immer wieder sagte er, schwer angestrengt vom Filmaufnehmen: »Joan, ich denke, du fliegst das Ding! Willst du nicht Heißluft nachlassen?«

»Ich bin dabei, Standbilder aufzunehmen!«

»Dann machen wir es doch so: Wenn du hörst, daß meine Filmkamera läuft, dann mußt du den Ballon fliegen!«

Eines Tages geschah das Unglück: Während die beiden mit dem zusammengelegten Ballon im Anhänger nach Hause fuhren, ging der Verschluß auf, und die Ballonhülle rutschte hinaus auf die Straße. Sie merkten das erst nach vielen Kilometern – inzwischen war die Hülle völlig zerrissen und zerfetzt. Was tun? Es blieb nichts anderes übrig, als einen völlig neuen Ballon aus Europa kommen zu lassen. Dann ging es weiter, diesmal in die Nähe des Kilimandscharo, des höchsten Berges in Afrika. Mit seinen 5900 Metern über dem Meeresspiegel wirkt dieser schneegekrönte Koloß ganz besonders hoch, weil er nicht mitten in einem Gebirge eingebettet liegt wie der Montblanc oder der Mount Everest, sondern ganze 4300 Meter völlig allein aus der flachen Hochebene empor-steigt. Er ist von den Missionaren Krapf und Rebmann 1848 entdeckt worden – man lachte die beiden in Europa zunächst aus, weil sie einen Schneeberg im Herzen Afrikas gefunden haben wollten. 1889 ist er erstmals bestiegen worden.

In den Steppen um den Kilimandscharo leben im Amboseli- und im Tsavo-National-park noch viele Wildtiere. Nur selten stören sie sich an dem Ballon – manche an dem Schatten, der über sie hinweghuscht, andere – wenn die Roots niedrig fliegen – an dem Geräusch des Brenners. Vom Ballon aus entdeckten die beiden, daß es hier zwischen den pflanzenbewachsenen Lavaströmen noch einige Nashörner gab. Diese Lava, die vor Jahrtausenden aus kleineren Vulkanen ausgeflossen und erstarrt ist, hat sehr scharfe Kanten. Nur Elefanten haben einige Pfade hineingetreten; andere Tiere sind ihnen dort, wo sie die Lavakanten gebrochen haben, gefolgt. Aber für Menschen und die meisten Raubtiere ist es schwer, auf diesem Fleck Erde Wild aufzuspüren. Die Roots entdeckten tote Nashörner und konnten herunterschweben, um die wertvollen Hörner für die Na-tionalparkverwaltung einzusammeln.

Einer der Wildwarte des Tsavo-Nationalparks, ein guter Freund der Roots und ein begeisterter Naturschützer, hatte sich für das Parlament von Kenia zur Wahl gestellt. Weil viele von den Nomaden nicht schreiben können, gebrauchen die Wahlbewerber gern irgendein Bildzeichen, das die Wähler dann für sie in die Wahlurne werfen. Die Roots halfen ihrem Freund, indem sie sein Wahlzeichen an den Ballon hängten und da-mit über die Dörfer flogen.

Eines Tages war Alan Root so sehr mit dem Filmen und Joan mit dem Knipsen be-schäftigt, daß sie nicht merkten, wie der Ballon über einen Wald trieb. Zurück ging es ja nicht mehr, und auch nach der Seite konnte man nicht ausweichen. Die Bodenmann-schaft, die in der Steppe meist querfeldein mit einem Geländewagen folgte, vermochte nicht in den Wald einzudringen. Landete man aber in den Baumwipfeln, wie sollte der Ballon dann überhaupt gefunden werden, wie sollte man wieder aus dem Riesenwald herauskommen? Rasch entschlossen ging Alan dicht am Fluß in den Bäumen zur Erde. So konnte man wenigstens von unten an den Ballon herankommen. Giles und Mike, ihre Bodenmannschaft, obwohl tüchtige Wassersportler, die schon um ganz England herumgefahren sind, brauchten einen ganzen Tag, um flußabwärts zu den Roots zu ge-langen. Die Schraube des Gummibootes war in einem Wasserfall entzweigegangen. In ihrer Begleitung war Michael Ngure, ein einheimischer Wildwart, der sie gegen wilde Tiere schützen sollte. Der Ballon wurde aufgeladen, aber auf dem weiteren Weg flußabwärts mußten erneut Stromschnellen und kleinere Wasserfälle überwunden werden.

Natürlich hat es die beiden Roots gereizt, den Kilimandscharo zu überfliegen.

Nach zweimonatiger Vorbereitung sind sie, nachdem sie lange auf günstiges Wetter gewartet hatten, mit dem Ballon 7500 Meter emporgestiegen und in vier Stunden achtzig Kilometer weit über Wald, Gletscher und Felsen geflogen. Die Sache ging gut.

Allerdings hätte es zum Schluß beinahe ein Unglück gegeben und ich hätte dann die schönen Aufnahmen niemals in meiner Fernsehsendung zeigen können. Bei der Überquerung des Kilimandscharo war der Ballon von einem afrikanischen Land in ein anderes geflogen – und das ohne Grenzkontrolle. Nach der Landung kam die Polizei und wollte den verdächtigen Inhalt des Ballonkorbes beschlagnahmen. Zum Glück kam Joan Root auf den klugen Gedanken, sich die eben belichteten Filme unter den Rock zu stecken. Sie behauptete, sie wäre hochschwanger und wurde deswegen nicht weiter belästigt. So konnten die Farbfilme zum Entwickeln gehen – und auch die schönen Bilder, die Sie in diesem Band sehen.

Bei den Wildtierherden des Sudan

Ich liege im Zelt, im Südsudan, nur zwanzig Meter vom Ufer des Nil entfernt. Ich warte, bis die Sonne aufgeht. Neben mir schläft mein Sohn Stephan. Wir leben einfach, nicht weit entfernt von der Behausung Peter McClintons und seiner deutschen Frau. Unser Klo besteht aus einem bequemen Holzschemel mit einer Öffnung in der Mitte; darunter ist ein Loch in die Erde gehackt. Als Dusche dient ein Eimer voll Wasser, der mit einem Strick an einem Baumast in die Höhe gezogen wird. Ich brause mich oft ab, denn hier sind 41 bis 45 Grad im Schatten. Erst wollte ich durch die Büsche bis an den Nil gehen und dort schwimmen. Aber Peter McClinton hat mir abgeraten: »Im letzten Jahr sind hier zwei Menschen von Krokodilen weggeschnappt worden!«

Einen Tag später treffe ich hingegen am »Hafen« des Städtchens Juba gleich zwanzig, dreißig schwarze Jungens, die mit Begeisterung im Fluß herumschwimmen. Aber so ist das – Krokodile halten sich immer von Fähren und Plätzen fern, an denen Menschen tätig sind. Wir sind früher im Kongo auch stets neben den Fähren hergeschwommen – bis uns klar wurde, daß man dabei zwar nicht von Krokodilen, wohl aber von einer unangenehmen Tropenkrankheit, der Bilharziose, bedroht wird.

Auch die McClintons hausen hier seit Anfang 1977 sehr bescheiden. Juba selbst ist unglaublich teuer. McClinton untersucht im Auftrag unserer »Zoologischen Gesellschaft von 1858« mit einem Unimog-Geländewagen und einem gebrauchten Kleinflugzeug die Wildbestände des Sudan; wir wollen der Regierung Vorschläge machen, wo Nationalparks geschaffen werden sollen und wie man diese einrichtet und beschützt. Da Peter McClinton aus unserer Spendensammlung »Hilfe für die bedrohte Tierwelt« bezahlt wird, hat er sich weitab von Juba einfach drei bescheidene Hütten mit Strohdächern ohne Seitenwände gebaut, durch die die Luft quer durchstreichen kann. In einer wird geschlafen – zusammen mit drei Hunden –, in der zweiten gegessen, in der dritten gearbeitet. Das Ganze ist zur Absicherung mit Stacheldraht eingezäunt.

Ich bin zum dritten Mal in diesem Land. Der Sudan ist der größte Staat Afrikas, viel größer als jedes europäische Land und beinahe so groß wie Argentinien. Ein gutes Drittel davon allerdings ist Wüste (Sahara und Nubische Wüste).

Zum ersten Mal bin ich 1957 zusammen mit meinem – zwei Jahre später in Afrika tödlich verunglückten – Sohn Michael über das Mittelmeer den Nil herauf bis hierher geflogen. Wir hatten damals in Juba den Weihnachtsabend gefeiert, allerdings nach englischer Sitte, mehr wie Fasching. Der schwarze Verwaltungsdirektor lud uns zum Abendessen in dem einzigen Hotel des Städtchens ein – er, wie sein Stellvertreter erschienen im tadellos weißen Smoking. Die griechischen Kaufleute jedoch, die mit uns am Tisch saßen, waren weder ähnlich festlich gekleidet, noch benahmen sie sich so gesittet wie ihre schwarzen Gastgeber. Sie warfen mit Konfetti, Papiergirlanden und mit Wattebällen, die sie vorher in ihr Weinglas getaucht hatten. Der Gastgeber verzog keine Miene, als die Smokings davon immer mehr besudelt wurden. Im Kuchen waren zur Überraschung – kleine Geldstücke mit eingebacken. In unserem Buch »Serengeti darf nicht sterben«, das inzwischen eine Auflage von bald zwei Millionen in über dreißig Sprachen erreicht hat, haben seitdem viele Menschen nachgelesen, was wir damals im Sudan erlebt haben und wie wir über Uganda weiter in die Serengeti geflogen sind.

Das zweite Mal bin ich 1965 nach Juba gekommen – diesmal als Gefangener, von sechzig Soldaten mit zwei Panzerwagen abgeführt. Ich war mit dem Kleinflugzeug versehentlich ein paar Kilometer von Uganda über die Grenze in den Sudan geflogen – und sollte zunächst erschossen werden, denn damals herrschte hier Bürgerkrieg.

Als nämlich der Sudan 1956 aus englisch-ägyptischer Herrschaft entlassen und selbständig wurde, regierten wieder die Araber aus dem Norden über die Schwarzen im Süden. Ihre Vorfahren hatten jahrhundertelang Hunderttausende von schwarzen Sklaven aus dem Südsudan in alle Welt verkauft. Die schwarzen Stämme des Südens wehrten sich daher gegen die neue Vorherrschaft der Araber aus dem Norden in der Landeshauptstadt Khartum. Dieser Bürgerkrieg, der sehr viele Menschenopfer gefordert hat, dauerte bis 1973, bis der neue Präsident des Sudan, Jafaar el Numeiri, sich endlich mit den Schwarzen des Südens einigte und ihnen weitgehende Selbstverwaltung gab, mit einem Vizepräsidenten und Ministern in Juba. Auch die Araber im Norden des Landes sind übrigens meist dunkelhäutig, oft sogar schwarz. Schon immer galten nämlich Kinder von Sklavenfrauen als rechtmäßige Erben und Nachkommen.

Während der damaligen Unruhen nun wurde ich mit einem Militärflugzeug nach Khartum gebracht, man leitete ein Strafverfahren wegen Spionage gegen mich ein, bis endlich ein Telegramm des schwarzen Staatsoberhauptes von Tansania an die Regierung des Sudan zu einer Kabinettssondersitzung und endlich zu meiner Befreiung führte. (Diese Abenteuer habe ich in meinem Buch »Grzimek unter Afrikas Tieren« beschrieben.)

Meine allererste Verbindung mit dem Sudan stammt jedoch schon aus meiner Schulzeit. Emin Pascha, eigentlich Eduard Schnitzer (1840–1892), in der oberschlesischen Stadt Oppeln geboren, war, genau wie ich, in meiner Heimatstadt Neisse zur Schule gegangen, später in ägyptische Dienste getreten und Gouverneur der Südprovinz des Sudan geworden, wo er während des Mahdi-Aufstands fünf Jahre verschollen blieb und endlich von Stanley wohlbehalten am Albertsee entdeckt wurde. Dieser Forschungsreisende Emin Pascha hatte dem Gymnasium in Neisse Schmetterlinge und andere Sammlungen gestiftet, die wir als Schüler im Naturkunde-Unterricht aber eigentlich niemals zu sehen bekamen. Um so empörter war ich, daß einige unserer Lehrer das Biologiezimmer zum Rauchen benutzten, weil sie das im Lehrerzimmer nicht durften...

Spricht man heute vom Sudan, so denken die wenigsten Leute an Tiere, sondern an den aufregenden Mahdi-Aufstand im vorigen Jahrhundert. Dieser muselmanische Eiferer versprach den Derwischen Glückseligkeit im siebenten Himmel, wenn sie im Kampf für den Moslemglauben fallen würden. So besiegte er ab 1881 die Ägypter und die Engländer, die ihnen zu Hilfe eilten; das religiöse Schwärmertum führte seine ständig wachsenden Heerscharen von Sieg zu Sieg – ähnlich wie einst die christlichen Kreuzfahrer in Palästina. 1885 eroberte der Mahdi die Hauptstadt Khartum und ließ den Engländer Gordon Pascha, das Oberhaupt des Sudan in ägyptischen Diensten, enthaupten und seinen Kopf auf einer Stange ausstellen. Erst Lord Kitchener konnte den Nachfolger des bald darauf verstorbenen Mahdi, den Kalifah Abdullah, 1898 in einer großen Schlacht mit modernen Waffen besiegen (Kitchener kam 1916 auf einem Panzerkreuzer ums Leben, der von den Deutschen in der Nordsee versenkt worden war). Er ließ der Leiche des Mahdi den Kopf abtrennen und schickte ihn nach London. Da die englische Presse sich über diese Barbarei empörte, beerdigte man den Schädel dann doch in Wadi Halfa. Die jahrzehntelange Mahdi-Herrschaft in einer Zeit, in der man überall in der Welt Eisenbahnen baute, hat sicher manchen Fortschritt verhindert. So laufen die Eisenbahngleise nur von Ägypten und von Port Sudan am Roten Meer durch den trockenen, arabisch bevölkerten Norden des Sudan bis zur Hauptstadt Khartum, nicht aber weiter in den grünen Süden des Landes und nach Uganda.

Einer der ersten, der sich auch um die Pflanzen und Tiere des Sudan gekümmert hat, war Alfred Brehm (1829–1884), der den Sudan von 1847 bis 1852 bereist und ein Buch darüber geschrieben hat. Sein Bruder Oskar, der nicht schwimmen konnte, ist dort in seiner Gegenwart im Nil ertrunken. Alfred Brehm brauchte damals noch hundert Tagereisen von Kairo bis nach Khartum. Die Einstellung den Tieren gegenüber war in jenen Zeiten im allgemeinen noch recht seltsam. So beschäftigte sich Brehm schon in Ägypten auf dem Schiff »mit dem Herabschießen der zahlreich uns umschwärmenden Möwen«. Er schoß Nilgänse, Krokodile, Trappen, achtzehn Ibisse auf einmal, einen Python, dessen Fleisch aber »hart und zähe war und von uns kaum zerkaut werden konnte. Meine zum Teil sehr gut treffenden Kugeln schienen die Flußpferde nicht besonders zu beunruhigen; ich glaube auch nicht, daß sie jemals die dicke Kopfhaut durchbohrten. Wenn sie eine Kugel schmerzte, ließen sie ein wütendes Gebrüll hören und sprudelten mit sichtbarem Grimme das Wasser von sich«. Damals gab es noch keine wirksamen Mittel gegen Malaria und zur Aufbereitung des schlechten Trinkwassers in der Wüste. Als Brehm erkrankte, ließ ihn ein italienischer Arzt dreimal zur Ader und setzte ihm vierundsechzig Blutegel an...

Alfred Brehm ist nicht sehr weit über Khartum hinaus nach Süden vorgedrungen, also nicht in den eigentlichen, heute tierreichen Südsudan. Aber seiner Beschreibung zufolge hatte der nördliche Sudan damals noch viele Bäume und Tiere. Heute ist davon kaum noch etwas zu sehen. Von den Sudanesen selbst hielt Alfred Brehm nicht viel: »Der Sudanese ist sinnlichen Genüssen ergeben, faul, arbeitsscheu, liederlich und leichtsinnig. So einfach er in seiner Kleidung ist, so wenig er für Essen ausgibt, so viel verwendet er an öffentliche Mädchen und so viel vertrinkt er« – was Brehm allerdings weitgehend auf das Klima zurückführte. Er kehrte mit 1600 Bälgen abgeschossener Vögel über Ägypten nach Deutschland zurück. Damals verringerte sich übrigens auch die Bevölkerung Ägyptens noch ständig, im Gegensatz zu heute.

Eine ganz andere Einstellung zu den Einheimischen und den Tieren hatte der Österreicher Slatin Pascha (1857–1932), eigentlich Rudolf Karl Freiherr von Slatin. Ihn hatte Gordon 1878 nach Ägypten gerufen und ihn später zum Militär-Gouverneur der sudanesischen Provinz Darfur gemacht. Slatin geriet 1883 erst in die Gefangenschaft des Mahdi und später in die seines Nachfolgers, des Kalifen Abdullah. Als er Briefe an Gordon herausschmuggelte, wurde er monatelang in Ketten gelegt. Sonst mußte er aber oft viele Wochen den ganzen Tag über vor der Tür des Kalifa stehen, mußte dolmetschen, den schriftunkundigen Herrschern Schriftstücke und Zeitungen übersetzen; er wurde auch öfter von ihnen zu den Mahlzeiten eingeladen. Slatin hat wohl nur deswegen überlebt, weil er, ebenso wie Emin Pascha, zum moslemischen Glauben übertrat. Briefe wurden damals mitunter auf verzweifelte Weise herausgeschmuggelt – indem man einem Esel eine Wunde zufügte und das Schriftstück unter die Haut schob! Erst 1893 gelang es Slatin Pascha, nach Ägypten zu entfliehen.

Slatin berichtete gelegentlich auch von Tieren. Durch ihn weiß man, daß die Einheimischen damals oft viele Tage lang unter kleinen Grasdächern brütende Strauße belauerten und die Jungen sofort beim Ausschlüpfen wegholten. Versäumten sie diesen Augenblick, konnten sie die Küken bald danach zu Fuß nicht mehr einfangen. Die Strauße wurden aufgezogen, ihre Federn später regelmäßig herausgezogen und verkauft – so wie man das heute noch in großem Ausmaß in Südafrika tut. Der Mahdi verbot diese Geschäfte aber aus Glaubensgründen.

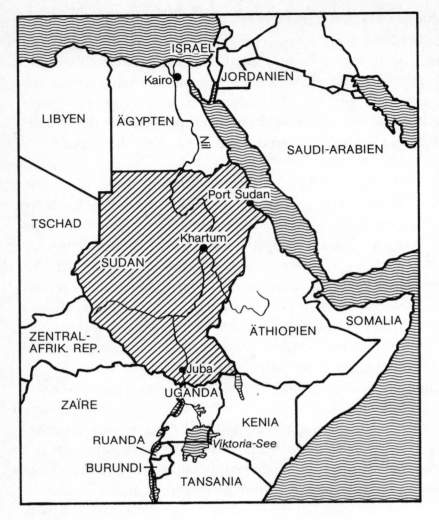

Der Sudan, der flächenmäßig größte Staat Afrikas, hat eine wechselvolle Geschichte gehabt. Zunächst von Ägypten erobert, geriet das Land nach einer Reihe mißlungener Aufstände 1899 unter ägyptisch-britische Herrschaft. Seit 1956 ist der Sudan unabhängig. Wegen der zahlenmäßigen Vorherrschaft der arabischen Bevölkerung zählt man den Sudan zu den arabischen Staaten.

Weiter im Südosten des Sudan kannten die Schwarzen damals keine Kamele. Der Anblick des ersten Dromedars schlug schon während Emin Paschas Gouverneurszeit eine ganze Gesandtschaft des einheimischen Königs Mtesa in die Flucht. Emin Pascha ließ daher von einem seiner Diener ein sehr großes, dickes Kamel holen. Als es unvorhergesehen um die Ecke geführt wurde, wollte der ganze Haufen erneut erschreckt die Flucht ergreifen. Emin erklärte ihnen, daß dies ein ganz zahmes und geduldiges Haustier sei, woraufhin sie, wenn auch zögernd, nach und nach näher kamen. »Endlich erklärt sich einer der Mutigsten auf mein Zureden bereit, das liegende Kamel zu besteigen. Als ich aber befahl, dasselbe aufstehen zu lassen, hielt er sich krampfhaft mit Händen und Füßen an dem Tiere fest, laute Rufe der Angst ausstoßend. Nach wenigen Minuten erholte er sich von seinem Schreck, saß aufrecht und sah bald lächelnd von dem erhöhten Sitz auf uns herab. Wahrscheinlich auf eine Einladung des kühnen Reiters hin stürzten sich dann plötzlich alle auf das Kamel und wollten an den Beinen und dem Hals des Tieres hinaufklettern. Einer hatte sogar den Schweif erfaßt, um auf diesem ungewöhnlichen Wege zu seinem Freund zu gelangen. Über den unerwarteten Angriff erschreckt, bockte das sonst geduldige Tier und schlug aus. Der Reiter wurde abgeschüttelt und der, welcher sich an dem Schweif gehalten, rieb sich mit schmerzlicher Gebärde das Knie. Wir alle lachten sehr.«

Einer von Slatin Paschas einheimischen Begleitern versuchte, Honig aus wilden Bienenstöcken zu entnehmen. »Die wütenden Bienen hatten ihn offensichtlich angegriffen und fürchterlich zugerichtet; er war vom Baum gefallen und besinnungslos liegengeblieben. Sein Gesicht war durch die zahllosen Stiche zu einer fast unkenntlichen Masse von der Größe eines mächtigen Kürbisses angeschwollen, und die Zunge quoll ihm faustgroß aus dem krampfhaft verzerrten Munde hervor. Nach wenigen Stunden gab der Arme, ohne seine Besinnung wiedererlangt zu haben, den Geist auf«, schreibt Emin. Ich selbst bin einmal von wilden afrikanischen Bienen ähnlich am Kopf zerstochen worden, bekam aber kaum Schwellungen – wahrscheinlich weil wir als barfußlaufende Kinder unseren Mut zu beweisen pflegten, indem wir uns tüchtig von Bienen stechen ließen.

An anderer Stelle berichtet Emin Pascha: »Gegen Abend stießen wir auf eine Herde Giraffen, die in der Steppe häufig vorkommen. Die Tiere stoben erschreckt auseinander; ich jagte einem derselben auf dem mir von Gordon geschenkten arabischen Fuchshengst, der ein ausgezeichneter Renner war, nach, überholte auch nach einigen Minuten das vor Angst zitternde Tier, widerstand aber der Versuchung, es zu töten und kehrte wieder zu meinen Leuten zurück.« In der Gefangenschaft des Mahdi erkrankte Emin an Durchfall. Ein anderer Gefangener holte das für die religiösen Waschungen und zum Trinken nötige Wasser aus dem Nil. Eines Tages kehrte er nicht mehr wieder. »Anderntags erfuhr ich, daß ihn eins der dort zahlreichen Krokodile überfallen habe; die herbeigeeilten Brüder konnten dem Krokodile nur noch den Leichnam entreißen.«

Und wie steht es heute mit den Wildtieren, mit der Natur im Sudan, in dem »Land der Schwarzen«, arabisch »bilad-es-Sudan«?

In den letzten Jahren haben die ostafrikanischen Länder bekanntlich den Jagdtourismus nahezu vollständig unterbunden. Ich hatte schon gehört, daß die Jagdsafari-Unternehmer Nairobis sich jetzt mit Begeisterung besonders auf Botswana und den Sudan gestürzt hätten und überall veröffentlichen würden, welch leichtes und ungehindertes Schießen dort möglich sei. Im Gegensatz zu den Besuchern, die die Tiere nur sehen und bestenfalls fotografieren wollen, trägt diese Schießerei den Heimatländern der Tiere nur wenig fremde Währung ein. Die Jagdsafari-Unternehmer bringen ihre Gäste meist in einigen Zelten unter und verpflegen sie obendrein noch mit Konserven und Getränken, die sie in ihren eigenen Kleinflugzeugen einfliegen. Die begleitenden Wildhüter, die immer recht bescheiden bezahlt sind, drücken gar zu leicht beide Augen zu, wenn der wohlhabende Jagdgast doch auf eine verbotene Tierart anlegt oder mehr schießt, als auf seinem Genehmigungsschein steht. Das bringt gute Trinkgelder. Außerdem sind diese Leute hier im Sudan nicht ausgebildet, sie können oft nicht einmal die einzelnen Tierarten unterscheiden und kennen die Grenzen der Schutzgebiete nicht. Auch die einheimischen Politiker und Verwaltungsbeamten wissen meist gar nicht, wo und in welchen Mengen die Wildtiere leben. Und so waren bald einige leichter zugängliche Gegenden kahlgeschossen. Mir wurde von einer italienischen Jagdgruppe berichtet, die auf der offenen Steppe im Auto hinter einer Zebraherde hersauste und wild eines der galoppierenden Tiere nach dem anderen abknallte. Italiener sind als hemmungslose Jäger, ebenso als Unterwasserjäger an den Meeresküsten, besonders gefürchtet; an zweiter Stelle stehen die Franzosen.

Seit Anfang 1977 hat Peter McClinton planmäßig im Geländewagen und Flugzeug die Wildgebiete des Südsudan besucht. Er versteht etwas davon, denn er ist in Ostafrika geboren und war jahrzehntelang in der Wildverwaltung Kenias tätig. Außerdem hat er im letzten Jahr auch andere Fachleute im Sudan herumgeflogen. Dabei sind erstaunliche Dinge herausgekommen. Im Sudan lebt die zweitgrößte Wildtier-Ansammlung auf Erden (nach der Serengeti mit ihren zwei Millionen Großtieren). Sie weiden auf den etwa fünfhundert Meter über dem Meeresspiegel gelegenen Boma-Steppen im Südwesten, in der Nähe der Grenze Äthiopiens. Jedes Jahr unternehmen diese Riesenherden, ähnlich wie in der Serengeti, etwa dreihundert Kilometer weite Wanderungen. Von Mai bis August, wenn es regnet, brechen sie in großen Scharen nach Süden auf, weil sich dann weite Teile der Steppen in Sümpfe verwandeln. Von November bis Dezember ziehen sie zurück: die großen Herden der Topi-Antilopen, die man hier Tiang nennt, die Grant-Gazellen, Giraffen, Oryx-Antilopen, Strauße, Zebras, Elefanten, Büffel. Am zahlreichsten sind hier die Weißohr-Moorantilopen, große, schwärzlichbraune Tiere, die den ostafrikanischen Impala ähneln, aber auffallend weiße Ohren haben. Kehle, Brust und Bauch sind ebenfalls weiß. McClinton hat allein von ihnen 374000 gezählt, und dazu einunddreißig verschiedene Tierarten im Boma-Gebiet gesichtet: Paviane, Büffel, Buschböcke, Krokodile, Dikdik, Ducker, Elen-Antilopen, Kuhantilopen, Hyänen, Schakale, Kleine Kudus, Löwen, Leoparden, Mongalla-Gazellen, Oribi, Riedböcke, Pferde-Antilopen, Warzenschweine, Wasserböcke, zehntausend Zebras, Schuhschnäbel, Geparden. Ein Überblick, den Dr. Watson über den ganzen Sudan aufstellte, ergibt: 133000 Elefanten, 320000 Büffel, 18000 Riesen-Elenantilopen, 180000 Giraffen, 324 Mongalla-Gazellen, gegen 750000 Topi (Tiang) und über eine Million Weißohr-Moorantilopen. Allerdings befürchtet McClinton, daß er wegen der Wanderungen dieselben Tierherden zu verschiedenen Jahreszeiten im Boma-Gebiet zweimal geschätzt haben könnte. Trotzdem bleiben es Riesenmassen.

Im Sudan sind alle Landschaften Afrikas vertreten, von der reinen Wüste bis zum tropischen Urwald. Während es hoch im Norden, an der Grenze zu Ägypten, so gut wie niemals regnet, fallen in der Hauptstadt Khartum im Jahr 16 cm Regen, im »schwarzen« Süden dagegen 97 cm. Im trockenen Norden leben noch 1600 Wildesel, Dama-Gazellen, Soemmering- und Dorcas-Gazellen. Bäume allerdings gibt es – bis etwa dreihundert Kilometer südlich von Khartum – keine mehr. Was Brehm noch sah, ist längst dahin. Alles wird auf diesem trockenen Boden unter den Pflug genommen, auch wenn die Ernten unsicher sind und häufig ganz ausfallen. Die Bevölkerung des Sudan hat sich allein von 1951 bis 1971 verdoppelt; sie nimmt jetzt jedes Jahr um 2,5 v.H. zu. Augenblicklich sind es 16 130 000 Einwohner. Viele landwirtschaftliche Vorhaben im Norden des Sudan, die durch Geldhilfen der reichen arabischen Länder ermöglicht werden, vernichten die letzten Wildbestände. Der Nilwasser-Verbrauch (14,2 Milliarden Kubikkilometer 1974/75) wird die zwanzig Milliarden-Grenze schon in den achtziger Jahren überschreiten. Mehr darf der Sudan, einem Abkommen mit Ägypten zufolge, dem Nil nicht entnehmen; den Rest braucht Ägypten. Aus diesem Grunde will man den Sudd nördlich von Juba anzapfen. In diesem riesigen Überschwemmungs- und Sumpfgebiet dehnt sich das Nilwasser in der Regenzeit bis auf 120 000 Quadratkilometer aus – eine Fläche, größer als ganz Bayern und Niedersachsen zusammen. In der Trockenzeit fließt es langsam wieder ab. Durch den umstrittenen Jonglei-Kanal soll das Wasser rascher in den Assuan-Stausee gelangen und diesen endlich füllen; man will auch weite Gebiete künstlich bewässern, was in heißen Erdteilen oft zur langsamen Versalzung des ganzen Bodens führt.

Selbst tropischen Regenwald gibt es im Sudan. Er dehnt sich von Zaire über die Grenze aus. Hier leben Riesenwaldschweine, Bongos, Gelbrückenducker, Kleine und Große Kudus, Situtunga und Riesen-Elenantilopen.

Aber in dem 1936 gegründeten Dinder-Nationalpark im Norden des Sudan ist die dritthäufigste Tierart, die Soemmering-Gazelle, inzwischen fast ganz verschwunden. Aus diesem Park zog sie während der Regenzeit in die umliegenden Gebiete – sie sind heute alle landwirtschaftlich besiedelt, alle Büsche und die meisten Bäume sind vernichtet.

Der 1954 geschaffene Nimule-Nationalpark beiderseits des Nils, an der Grenze nach Uganda und nur 256 km² groß, ist aller »Weißen« oder Breitlippen-Nashörner beraubt. Wir haben allerdings noch ein paar von der Luft aus im Shambe-Schutzgebiet, weiter nördlich am Nil, gesichtet. Vielleicht wird man einmal welche nach Nimule zurückbringen können. Die Elefanten haben in diesem Park sogar zugenommen.

Ich fliege mit meinem Sohn Stephan und Peter McClinton in unserer einmotorigen betagten Maschine von Juba über den Nil hinweg, über die Sümpfe und die weiten Steppen bis in das Boma-Gebiet, wo die großen Tierherden weiden. Das Flugbenzin ist im

Sudan wegen der verschärften Lage auf dem Welt-Ölmarkt im Augenblick knapp. Aber wir haben gerade genug, um in zwei Stunden bis ins Boma-Gebiet zu fliegen, etwa neunhundert Kilometer hin und zurück.

Mir wird das Herz weit. Keine Straße, kein Dorf, keine Hütte, keine Spur eines Geländewagens – nur Steppe, Büsche, Baumgruppen. Hier und da ein Wasserlauf, von grünen Wiesen umgeben. In einer Steppe wird auch kaum gewildert, es ist alles zu weit und zu unwegsam. Elefantenherden, fünfunddreißig Rothschild-Giraffen auf einmal, Wasserbüffel-Scharen und die vielen, vielen Weißohr-Moorantilopen, die es in Ostafrika nicht gibt. Allerdings: wenn wir jetzt notlanden müßten, wären wir verloren. Wer will diese unendlichen Steppen absuchen? Mit dem Geländewagen ist das hoffnungslos, und auch im Flugzeug würde das Stunden und Tage dauern. Außerdem gibt es zur Zeit kein Flugbenzin…

Wir umkreisen die Berge und Hügel in der Nähe der äthiopischen Grenze. Peter zeigt mir Quellen, die das ganze Jahr nicht versiegen. Hier kann ein Haus für den Hauptwildwart gebaut werden, dort die Unterkünfte für die Wildhüter, an einer anderen Stelle Landestreifen und Wachstellen im Park. Wir fliegen und fliegen. Wie schön, einmal

Bildunterschriften zu den Bildseiten 185–188

Seite 185
Der Nil bei Juba im südlichen Sudan. Um seine Wassermassen streiten sich heute der Sudan und Ägypten. Einer Vereinbarung zwischen den beiden Ländern zufolge darf der Sudan dem Strom in jedem Jahr nicht mehr als zwanzig Milliarden Liter zur Bewässerung entnehmen. Diese Grenze ist bald erreicht.

Seite 186 oben
Weite Teile der Stadt Juba, der Hauptstadt des südlichen Sudan, bestehen noch aus einfachen Lehmhütten. Das letzte Mal war ich in dieser Stadt, als angeblicher Spion verhaftet, ein Gefangener der arabischen Armee.

Seite 186 unten
Auf der riesigen Boma-Steppe des Sudan, die hoffentlich bald Nationalpark werden wird, leben etwa 20 000 Topis oder Tiangs, wie man sie hier nennt. Außerdem gibt es dort rund 4000 Büffel und 374 000 Weißohr-Moorantilopen.

Seite 187
Die Giraffen im Sudan sehen ganz anders aus als in den vielbesuchten Teilen Ostafrikas. Es sind Rothschild-Giraffen, die nur schmale, helle Streifen zwischen den braunen Flecken und dafür ungestreifte, weißliche Beine haben. Zebras gibt es im Sudan sehr viel weniger als zum Beispiel in der Serengeti.

Seite 188 oben
Ich verhandle mit Staatspräsident Numeiri lange im Garten seines Privathauses in Khartum.

Seite 188 unten
Unser »Badezimmer« in der Nähe des Nils im Süd-Sudan. Bei über 40 °C im Schatten haben mein Sohn Stephan und ich das Bedürfnis, öfter zu duschen.

184

weite Flächen dieser Erde zu sehen, die nicht Wüste und doch ganz menschenleer sind. Genau wie die Serengeti kommen diese Gebiete niemals für menschliche Siedlungen in Frage, sie sind einfach zu trocken. Man muß nur dafür sorgen, daß sie nicht sinnlos leergeschossen werden.

Am Ende bin ich doch etwas erleichtert, als wir nach viereinhalb Stunden wieder das grüne Land am Nil sehen und schließlich auf dem Flughafen von Juba ausrollen. Eine Seitenbahn ist vom nächtlichen Regen überschwemmt; vier, fünf Adler trinken hier. Vor vierzehn Jahren, als ich das letzte Mal in Juba war, haben sich noch gelegentlich Leoparden auf der Landebahn sehen lassen und den Leuten im Städtchen die Hühner und die Hunde weggeholt. Das hat sich inzwischen alles geändert.

Am Abend rechnen Peter und ich aus, was man wohl braucht, um die 17 500 km² große Boma-Steppe als Nationalpark einzurichten (zum Vergleich: Serengeti 12 500 km²). Man kann fast alle Baustoffe aus der Nähe holen, denn die Häuser werden sehr bescheiden gebaut, nur etwas Zement braucht man zusätzlich für die beiden Behausungen der Wildwarte, für zwei Gästebauten, eine Werkstatt, zehn Wildhüter-Hütten, für je vier Häuser in den Außen-Wachtposten. Dann Radios, einen Unimog, drei Geländewagen, eine Maschine, um Fahrpisten zu glätten, Traktoren, Anhänger mit Trinkwasser-Behältern, wenigstens drei Jahre Gehalt für einen erfahrenen und bewährten Hauptwildwart. Wir kommen auf eine ganz schöne Summe. Gewiß kann man kein Hotel mitten in die verlorene Wildnis bauen – hoffentlich kommt nie eines hin. Aber es drängen schon ein paar Unternehmer, hier ein Zeltlager mit Schwimmbecken für die Besucher zu errichten. Es gibt genug Menschen, die solch eine entlegene Wildnis lieben und überfüllte Touristenziele meiden. Sie werden in Sonderflugzeugen hierhergebracht werden. So haben wir ja auch vor dreißig Jahren in Tansania und in Kenia angefangen, und inzwischen sind die Besucherscharen zur Haupteinnahmequelle Kenias geworden. Auf diese Weise haben wir Naturschützer den Einwohnern armer Länder an manchen Stellen dieser Erde geholfen.

Peter McClinton hat im letzten Jahr der Wildverwaltung in der Regierung des südlichen Sudan beigestanden, Pläne und Vorschläge für das Einrichten von zehn Nationalparks im Süden zu schaffen. Alle sind begeistert, einen Teil ihres Landes für immer zu erhalten. Aber die Mittel sind knapp in diesem äußerst armen Staat. Die Verwaltung hat ganze zehn ausgebildete Fachleute, die sich bei unglaublich niedriger Bezahlung hartnäckig für ihre Ziele einsetzen – besonders Henry Minga, der Direktor der Wildverwaltung im »Ministerium für Naturschutz und Tourismus« des südlichen Sudan. Obwohl der Präsident des Südsudan und Vizepräsident des gesamten Sudan, Joseph Lagu, gerade in diesen Tagen seine Regierung umbildet, nimmt er sich doch die Zeit, mich zusammen mit dem zuständigen neuen Minister und den Fachleuten in seiner Regierung anzuhören. Ich mache ihm den Vorschlag, daß die »Zoologische Gesellschaft von 1858«

die Patenschaft über den neuen Boma-Nationalpark übernehmen und die Mittel für seine Einrichtung auftreiben wird – vorausgesetzt, daß der Park, sowie zwei weitere, durch Staatsgesetz bis zu einem bestimmten Zeitpunkt geschaffen wird. Er stimmt mir zu.

Henry Minga erzählt mir abends, wie begeistert viele der Schwarzen über die Nationalparks sind, gerade in entlegenen, noch besonders »unterentwickelten« Gegenden. In der Nähe von Kadok, dem früheren Fashoda, töteten drei Männer eine Nil-Litschi-Antilope auf der Fanyikang-Insel im Nil, wo sie als heilig gelten. Der Wildhüter brachte sie vor den Shilluk-Oberhäuptling, der jedem die Abgabe von zehn Rindern als Strafe auferlegte. Da einer der drei Übeltäter keine Kühe besaß, nahm ihm der Häuptling seine Frau weg und gab sie einem anderen. So geschehen erst vor ein paar Monaten.

Obwohl mir die Mitglieder der Südregierung das Gegenteil versichern, glaube ich, daß für die neuen Nationalparks auch die Zustimmung der Zentralregierung in Khartum notwendig ist, besonders die des Finanzministers. Ich fliege also in die Großstadt Khartum. Präsident Numeiri empfängt mich zu meinem Erstaunen sogar am Sonntagvormittag in seinem Privathaus, das von salutierenden Posten bewacht wird. Ich darf ihm zwei Stunden lang über Fragen des Naturschutzes und unsere Arbeit im Sudan berichten – auch, daß ich einmal als »Spion« von seiner Armee festgenommen und vor Gericht gestellt worden bin. Der Schutz der Natur in seinem Lande fesselt ihn ganz offensichtlich. Er stellt immer wieder Fragen. Der Präsident ist erstaunt, als ich ihm erzähle, daß das Nilpferd im hiesigen Zoo, dicht neben dem Nil gelegen, 1960 in Frankfurt geboren wurde. Es lebt schon seit zwanzig Jahren in Khartum. Im nördlichen Sudan sind die Flußpferde längst ausgerottet, und es ist zweifellos bequemer und billiger, eines von Frankfurt nach Khartum zu bringen, als es im Nil bei Juba zu fangen und dann in die Hauptstadt zu befördern. Auch im Zoo von Monrovia, der Hauptstadt des westafrikanischen Staates Liberia, lebt ein Frankfurter Flußpferd, andere in Kaliningrad/UdSSR, in den USA, Frankreich, England, Tokio, Argentinien.

Staatspräsident Numeiri erzählt, wie er noch in englischen Zeiten als Leutnant der Armee in den Süden versetzt wurde. Gleich am ersten Tag erklärte ihm der englische Oberleutnant, er gehe auf die Löwenjagd und Numeiri solle doch mitkommen. Der Oberleutnant ließ eine Wasserstelle von sechzig Soldaten umstellen, so daß kein Tier mehr trinken konnte. Nach zwei oder drei Tagen machte er den Zugang frei – und hatte sofort zwei Löwen erlegt. Ob Numeiri nicht auch einen schießen wolle, meinte er. Aber der heutige Staatspräsident sah keinen Grund, warum er Löwen töten sollte. »Ich habe noch nie in meinem Leben ein Tier erschossen. Es macht mir einfach keinen Spaß«, meint er. Er ist seit 1969 an der Regierung, hat den Bürgerkrieg beendet und den Südsudan befriedet, indem er ihm weitgehend Selbstverwaltung und eine eigene Regierung gab. Wird er auch den Tieren seines Landes helfen können?

190

Zwischen Löwen am Tana-Fluß

In einer kleinen, einmotorigen Maschine fliege ich von Nairobi nach Nordosten, auf Somalia zu. Die Farmen, die Straßen, die Dörfer haben wir zurückgelassen. Unter uns ist nur noch Buschland – kein Weg, keine freie Fläche zum Landen. Vor fünf Tagen ist ein Kleinflugzeug in derselben Richtung abgeflogen; es ist bis heute vermißt. Wie soll man auch ein abgestürztes Flugzeug zwischen den Büschen und Bäumen finden? Vielleicht versuchen die Insassen gerade, irgendwie quer durch den Busch auf Menschenspuren zu stoßen – oder liegen tot dort unten.

Trotzdem fühle ich mich frei, als ich so über der Wildnis schwebe, in der man nirgends Spuren von Menschenwerk sieht. Vor drei Tagen mußten wir umkehren, weil dicke Regengüsse niedergingen und die Wolken bis auf die Erde reichten. »Blind«, wie das die großen Verkehrsmaschinen tun, kann man in einem kleinen einmotorigen Flugzeug hier nicht fliegen, aber heute werden wir unser Ziel erreichen. Ich will einen alten Freund besuchen, den ich seit bald zwei Jahrzehnten nur in Abständen von Jahren wiedersehe. Meinen vorgesehenen Besuch zwischen Weihnachten und Neujahr mußte ich in letzter Stunde verschieben: Man konnte mir gerade noch über das Radio durchsagen, daß sein Bruder soeben mit dem Flugzeug ins Universitätskrankenhaus von Nairobi eingeliefert worden war – ein Löwe hatte ihn tags zuvor übel zugerichtet und halbtot gebissen. Aber gerade diese Löwen will ich sehen. Sie kommen immer nur gegen Abend in die Nähe des Lagers, tagsüber findet man sie nicht. Bei meinem letzten, kurzen Besuch mußte ich nach ein paar Stunden weiterfliegen. Diesmal will ich ein paar Nächte bleiben.

Endlich erreichen wir den Tana-Fluß. Wir fliegen an den prächtigen, gelblichen Riesenfelsen entlang, die hier und da, oft achtzig, ja hundertfünfzig Meter hoch, aus der grünen Buschsteppe herausragen. Am Fuße eines solchen Felsberges liegt Kora, George Adamsons Lager. Ich fliege ein-, zweimal über die Strohdächer hinweg, die zwischen den Büschen kaum zu erkennen sind – so lange, bis Leute aus den Hütten herauskommen und in den Geländewagen einsteigen. Das ist so üblich, denn sonst weiß man nicht, ob die Gastgeber einen gesehen haben und den Besucher am Landestreifen abholen werden, der etwa sieben Kilometer entfernt in die Büsche geschlagen wurde. Telefon gibt es hier selbstverständlich nicht, und man kann sich vom Landestreifen aus nicht bemerkbar machen.

Und dann kommt George Adamson in seinem alten, klapprigen Landrover. Auch äußerlich ist er mit seinen fünfundsiebzig Jahren ein ungewöhnlicher Mann. Nie zieht er ein Hemd über seinen nackten Oberkörper oder lange Hosen über seine Beine. Die weißen Haare fallen ihm auf die Schultern, der Bart hängt ihm auf die nackte Brust.

»Was ist denn deinem Bruder eigentlich zugestoßen?« frage ich ihn gleich. Georges Bruder Terence, zwei Jahre jünger, hat in den letzten neun Jahren hier im Kora-Schutzgebiet mehrere hundert Kilometer Fahrwege durch die Büsche schlagen lassen, ohne je selbst dafür bezahlt worden zu sein. Die Einheimischen in der Umgebung waren froh, auf diese Weise etwas Geld verdienen zu können. Am 27. Dezember stieg Terence, der gerade angekommen war, früh um halb acht aus seinem Geländewagen und merkte nicht, daß der jungerwachsene Löwen-Mann Shade sich von hinten anpirschte. Das Tier packte ihn am Hals. Die Eckzähne knirschten auf den Wirbeln, wie Terence deutlich spürte. Zum Glück waren Arbeiter in der Nähe, die Shade mit Schreien und Knüppeln vertrieben. Noch mehr Glück: Mein jahrzehntelanger Mitarbeiter und Kameramann Alan Root war zufällig mit seinem Kleinflugzeug in Kora (er filmte Tokos) und flog den Verletzten geradewegs nach Nairobi ins Krankenhaus. Beim Operieren und Nähen stellte man fest: Ein spitzer Eckzahn war genau zwischen der Halsschlagader und der großen Halsvene hindurchgegangen, ohne eine von beiden zu verletzen. Nach ein paar Wochen war Terence wieder auf den Beinen. Weniger Glück hatte Georges schwarzer Koch: er wurde vor acht Jahren von einem der Löwen getötet.

Das Drahtgeflechttor zum Lager wird hinter uns geschlossen. Die türlosen Hütten sind ringsum drei, vier Meter hoch mit wackligem Drahtgeflecht eingezäunt – ausgewachsene Löwen unmittelbar im Haus sind nämlich selbst George nicht ganz angenehm. Weil die Luft warm und feucht ist, hat George beim Bau zwei gegenüberliegende Wände weggelassen, so daß der Wind in der Nacht über die Liege und durch die Moskitonetze sowie über den Eßtisch, um den wir bald herumsitzen, streichen kann.

Ein Borstenraben-Paar, das bereits auf dem riesigen Felsen nistete, als das Lager hier 1970 entstand, kommt ohne weiteres auf den Tisch, um sich Leckerbissen abzuholen. Schlimm ist es nur, wenn sie Junge haben. Diese entwickeln sich zu einer wahren Landplage. Sie stehlen alles, was nur wegzuholen ist, sogar unbeantwortete Briefe; sie reißen die Schutzumschläge von den Büchern herunter. Auch die Gelbschnabel-Tokos, die in einem hohlen Baum am Lager brüten, lassen sich am Mittagstisch füttern. Baumratten, die im Dach wohnen, holen die Krümel weg und machen sauber. Erdhörnchen laufen zwischen unseren Beinen herum, sitzen wie wir am Tisch und lassen sich mit Erdnüssen verwöhnen, die auch weißköpfige Büffel-Webervögel anlocken. Dicht neben der Dusche – einem aufgehängten Eimer mit Löchern im Boden, von einer Schilfwand eingefaßt – haben Violettmantel-Nektarvögel in einer Akazie ihr kleines Nest gebaut, ein paar Zentimeter neben einem Hornissen-Nest. Durch sie droht den bunten Vögelchen keine Gefahr, im Gegenteil: kein anderer Feind traut sich an ihre Jungen heran. Die wilden Perlhühner kommen ebenfalls ins Lager, weil sie hier gefüttert werden, und bringen auch ihre Kinder mit. An diese pirschen sich gerne Junglöwen an, die zufällig im Lager sind. Und manchmal erwischen sie ein Junges. Ferner gibt es Sandboas, vor denen Gäste tödlich erschrecken können. Die Schlangen graben sich im Sand ein und packen dann plötzlich Ratten, Eidechsen und kleine Vögel, die ahnungslos in die Nähe kommen. Sandboas sind ungiftig – die giftigen Speikobras werden dagegen aus dem Lager vertrieben.

Die eigentliche Liebe George Adamsons aber gilt den Löwen. Manche Leute halten ihn für ein bißchen versponnen; aber mich beeindruckt er. Dieser Mann ist ungewöhnlich. Ich habe eigentlich keinen zweiten kennengelernt, der so unbekümmert und hartnäckig sein eigenes Leben lebt – und das hundertfünfzig Kilometer vom nächsten Dorf mit Briefkasten entfernt.

»Was fühlt man, wenn man von einem Löwen umgebracht wird?« frage ich ihn. Wir sitzen bei Kaffee und Plätzchen, die eine junge Amerikanerin gebacken hat. Sie ist seit einem halben Jahr hier, ohne Bezahlung, schreibt die Briefe für George und besorgt den Haushalt. Ein anderer Mitarbeiter, ein junger Kalifornier, Tony Fitzjohn, lebt schon über acht Jahre bei George, gleichfalls ohne Bezahlung, und hilft ihm mit den Löwen. Auch er ist schon angefallen worden, wie er mir erzählt hat. Für sich selbst braucht man hier wenig Geld, man läuft in kurzen Hosen herum und kann tun und lassen, was man will.

»Ja, das war an einem schönen Morgen, am 25. Oktober«, sagte George und streicht seinen weißen Bart. »Ich ließ den zweijährigen Junglöwen Suleiman und seine Schwester Sheba aus ihrem Gehege. Es waren verwaiste Junglöwen, die ich eingewöhnt, gefüttert und eine ganze Zeitlang aufgezogen hatte. Ich ging mit ihnen zu unserem großen Felsblock hier hinten, um die Löwin Arusha und ihre Jungen zu suchen. Dort kletterte ich ein wenig die Felsen empor, weil ich dachte, da könnte ihr Lager sein. Weil nichts zu sehen war, stieg ich wieder hinunter, doch plötzlich erschienen Suleiman und Sheba. Sie waren so richtig zum Spielen aufgelegt. Während ich Sheba von vorn abwehrte, sprang mich Suleiman von hinten an und packte mich am Hals. Ich fiel an dem steilen Abhang hin und versuchte, ihn mit einem Stock über die Schulter abzuwehren. Dadurch wurde er böse. Er brummte und biß mich in den Hals. Das war kein Spiel mehr! Glücklicherweise hatte ich, was selten vorkommt, eine Pistole dabei. Ich riß sie heraus und wollte über meinen Kopf schießen, um ihn wegzuscheuchen. Zweimal drückte ich ab, aber es klickte nur! Das war wirklich ein angstvoller Augenblick. Hatte ich vergessen, dieses verflixte Ding zu laden? Hastig klappte ich die Pistole auf. Sie war voll geladen. Ich versuchte es wieder, und jetzt lösten sich zwei Schuß. Auf Suleiman machte das nicht den geringsten Eindruck. Er biß nur um so fester zu. In blanker Verzweiflung langte ich über meine Schulter und schoß auf ihn. Sofort ließ er mich los und ging ein paar Schritte zurück, setzte sich neben Sheba hin und sah mich recht verwundert an.

Ich blutete gehörig. Am besten, du gehst jetzt zum Wagen und fährst so schnell wie möglich ins Lager, dachte ich. Aber ich war schon recht benommen. Tony war gerade in Nairobi, mein Bruder Terence unterwegs, und unser Radio ging nicht. Zum Glück kam Terence ein paar Minuten, bevor ich ins Lager fuhr. Er wusch meine Wunde und fuhr dann sofort los, um nach Möglichkeit den ›flying Doctor‹, den fliegenden Doktor, zu erreichen, der hundertdreißig Kilometer weit weg wohnt.

Während der Nacht mußte ich immer an den armen Suleiman denken, besonders weil Sheba am Abend allein wiedergekommen war. Zu meiner Erleichterung erschien Suleiman jedoch am nächsten Morgen, freundlich wie immer. Glücklicherweise war die Pistolenkugel oberhalb des Schulterblattes eingedrungen. Ich konnte sie unter der Haut sitzen sehen.

Meine Wunden entzündeten sich nicht und eiterten kaum, wie das sonst in solchen Fällen fast die Regel ist. So kam ich bald aus dem Krankenhaus heraus und konnte zu meinen Löwen zurückkehren.«

Ich frage mich, ob wir sie heute zu sehen bekommen? Sie leben alle frei, obwohl ein Teil ein paar Wochen oder Monate im Lager aufgezogen worden ist, manche sogar noch länger. Sie waren zu Waisenkindern geworden, weil ihre Mutter irgendwo in Kenia Rinder oder Menschen umgebracht hatte und deswegen erschossen worden war. Eine große Löwin, inzwischen selbst längst Mutter, stammt aus dem Zoo von Boston. Der dortige Tierarzt hatte sie als verwaistes Junges sechs Monate in seiner Wohnung großgezogen und wollte nicht, daß sie ihr Leben im Käfig verbringen sollte. Eine der Löwinnen trägt ein Halsband mit einem winzigen Radiosender, denn sonst könnte George manchmal tagelang vergeblich suchen, um die Tiere in diesem dichten Buschgelände zu entdecken. So steigt er nur auf einen Felsen und hält die Antenne in die Luft.

Aber heute läßt sich kein Zeichen vernehmen; die Löwen müssen weit weg sein. »Vielleicht kommen sie am Abend an den Fluß? Dort habe ich sie in den letzten Tagen mehrmals gesehen«, sagt George. Also steigen Erika, Christian, Adamson und ich in seinen alten Geländewagen und fahren zehn Kilometer auf einer Fahrspur stromaufwärts. Dort endlich fiept es in Georges Kopfhörer. Und auf einmal kommen uns vier Löwen entgegen. George hat keine Schußwaffe dabei, nur seinen Knüppel. Wir steigen aus, Christian und ich fangen an zu knipsen, er in Schwarzweiß, ich in Farbe. »Paßt auf«, sagt George, »dahinten am Gebüsch schleicht sich schon wieder Shade an, der vor drei Wochen meinen Bruder so fertiggemacht hat. Zweijährige Löwen sind im Jungmänneralter, sie wollen zeigen, daß sie was können.«

Die große Arusha kommt von der anderen Seite aus dem Gebüsch und reibt ihren Kopf zärtlich an Georges Schenkel. Auch mich läßt sie in ihre Nähe. Sobald ich aber zwischen sie und ihre Jungen gerate, die ein Stück weiter weg sitzen, steht sie auf und wird böse. George muß sie beruhigen.

Wir gehen zum Fluß hinunter, in der Hoffnung, daß das auch die Löwen tun werden. Dort gibt es Sandbänke, kein Gebüsch – man könnte sie richtig sehen und beobachten. Wir setzen uns hin und üben uns in Geduld.

George Adamson war während der britischen Kolonialzeit fünfundzwanzig Jahre lang Wildwart in der Jagdverwaltung. Er mußte damals viele Elefanten und Löwen schießen, aber wie so mancher von meinen Bekannten und Freunden hatte er das eines Tages über und beschloß, den Wildtieren lieber zu helfen. Zum ersten Mal traf ich ihn vor anderthalb Jahrzehnten im Meru-Nationalpark, der in dieser Gegend Kenias liegt. Daß diese über tausend Quadratkilometer im Gebiet des Merustammes 1966 überhaupt als Nationalpark unter Schutz gestellt worden sind, ist unter anderem meinen Fernsehzuschauern zu verdanken. Bald nach der Unabhängigkeit Kenias (1963) boten die Meru der Regierung in Nairobi an, dieses Schutzgebiet zu schaffen, aber in der Hauptstadt lehnte man das ab, weil dafür Geld ausgegeben, Fahrwege angelegt, ein paar Häuser gebaut und Wildhüter angestellt werden mußten. Damals setzte ich in die Zeitungen Kenias die Mitteilung, wir würden aus der Sammlung »Hilfe für die bedrohte Tierwelt« der »Zoologischen Gesellschaft von 1858« 50 000 DM stiften, wenn das Gebiet durch das Parlament noch bis Ende dieses Jahres gesetzlich zum Nationalpark erklärt werden würde. Am 14. Dezember bekam ich ein Telegramm von Perez Olindo: »Soeben geschehen!« Heute sind die afrikanischen Staaten selbstbewußter geworden und würden so etwas wahrscheinlich als unerlaubte Einmischung in ihre inneren Angelegenheiten ansehen.

»Ja«, sagt George und läßt Shade nicht aus den Augen, der, halb im Gebüsch versteckt, seinen Blick ständig auf Christian und mich heftet. »Damals haben Sie mich ja auch das erste Mal besucht, ich hatte mein Lager noch im Meru-Nationalpark. Aber eben weil das Gebiet Nationalpark geworden ist, mußte ich mit meinem Lager heraus. So habe ich mich 1970 hier in dieser weltverlorenen Gegend niedergelassen. Gehalt bekomme ich nicht, im Gegenteil, ich muß für das Lager jährlich umgerechnet 6000 DM Pacht an das County Council, die Kreisverwaltung, zahlen. Weil verwaiste Junglöwen selber noch keine Beute machen können, schlachte ich jede Woche ein Kamel (das kostet heute etwa 200 DM). Bei meiner kleinen Pension muß ich also ganz schön bescheiden leben. Schlimm war, daß es bald, nachdem ich mich hier niedergelassen hatte, fünf ungewöhnlich trockene Jahre gab, die erst 1976 endeten. So kamen über die Grenze aus Somalia eine Unmenge Nomaden, die über 50 000 Rinder und Schafe ins Kora-Schutzgebiet brachten. In der Trockenzeit haben die Leute die Bäume und die Büsche abgehackt, um ihr Vieh damit zu füttern. Sie verwandelten das Land streckenweise in eine richtige Wüste – so wie das ja in Somalia selbst schon lange geschehen ist. Gott sei Dank gibt es seit 1977 reichlich Regenfälle. Aber die Somali schießen mit Gewehren, die örtlichen Kamba mit Giftpfeilen alle Wildtiere ab. Sie haben die Leoparden in den letzten zehn Jahren ausgerottet und ebenso die Elefanten. Ganz selten sieht man noch die Spur einer Elefantenkuh mit Kalb, die eines großen Stoßzahnträgers überhaupt nicht mehr. So wirkt sich das hier aus, wenn die Leute in Deutschland Leoparden-Män-

Bildunterschriften zu den Bildseiten 197–204

Seite 197
Das Kora-Gebiet am Tana-Fluß ist nicht so offen wie die Serengeti oder die anderen ostafrikanischen Nationalparks, wo man die Tiere ohne weiteres auf Grasflächen findet. Man könnte tagelang suchen, bis man auf die Löwen trifft. Deshalb hat George Adamson ihnen Sender umgebunden. Hier hat er mit seiner Antenne Laute der Löwin »Arusha« empfangen. Die anderen siebzehn werden sich vermutlich in nächster Nähe in den Büschen aufhalten.

Seite 198
Das Lager George Adamsons liegt verloren in der völlig unbesiedelten und unbewohnten Buschlandschaft. Zum Schutz gegen die Löwen ist es eingezäunt.

Seite 199 oben
Nachdem wir die Löwen zuerst nicht gesehen haben, kommen sie uns bald auf dem Fahrweg entgegen.

Seite 199 unten
Die vielen Löwen, die uns hinter einer Biegung des Weges erwarten, betrachten uns ebenso wie wir Menschen sie.

Seite 200/201
Im Tana-Fluß leben viele Krokodile und auch Flußpferde. Ein Flußpferdbulle hat erst kürzlich einen gerade erwachsenen Löwenmann getötet, der ihn angegriffen hatte.

Seite 202
Die Löwen haben hier zwar schon Menschen verwundet, einen sogar getötet – sie selber aber leben auch recht gefährlich. Der junge Löwenmann hat arge Verletzungen und leckt sich dauernd seine große Wunde an der rechten Vorderpranke; er kann nur schwer laufen.

Seite 203
Dieser Löwin ist von einem Gegner der Schwanz abgebissen worden.

Seite 204
Diese beiden Löwen streiten sich um eine Gazelle. Jeder zieht und zerrt an ihr. Keiner kann aber anfangen, das Fleisch zu verzehren. Öffnet er dazu nämlich seinen Mund, reißt ihm der andere sofort die ganze Beute weg.

tel und Elfenbein kaufen. Flußpferde und Krokodile allerdings gibt es in diesem Fluß noch reichlich. Weil es eine so entlegene, von Besuchern gar nicht überlaufene Gegend ist, hat man jetzt ein paar Kilometer weiter aufwärts ein Besucherlager gebaut, nur Hütten und Zelte mit der Gelegenheit, selber zu kochen. Wenn wir nur ausreichend Schutz gegen die Wilddiebe und die Somalis hier hätten! Der Meru-Nationalpark, der nur halb so groß ist, hat vierzig bewaffnete Wildhüter, das Kora-Schutzgebiet nur zehn. Ich möchte so gern Leoparden hier aussetzen, wie ich das mit den Löwen gemacht habe. Aber dazu brauchte ich ein zweites Lager – und woher bekommt man heute in Kenia noch Leoparden!«

Mit Peter Jenkins, dem Leiter des Meru-Nationalparkes, hat George übrigens vor ein paar Jahren Ärger gehabt. Als dieser ihn hier mit seiner Familie im Geländewagen besuchte, sprang ein Löwe das Auto an, langte zum offenen Fenster herein und verletzte die Tochter von Peter Jenkins. Der Vater wollte daraufhin den Übeltäter erschießen, aber das verbat sich George sehr nachdrücklich.

Inzwischen sind wir von Löwen umgeben. Sie gehen zum Fluß und trinken; einer ärgert sich über ein Flußpferd, das auftaucht, andere springen über einen Bach, der hier ins Wasser mündet, oder sie spielen miteinander. Wir lehnen uns zurück und schauen zu. »Suleiman, der mich beinahe getötet hätte, hat seinen Jungmänner-Übermut übrigens noch übel bezahlen müssen. Vor einem halben Jahr wurde er von einem großen Flußpferdbullen umgebracht. Offensichtlich hatten Suleiman und seine Schwester Sheba ihn aus Übermut angegriffen. Hungrig waren sie bestimmt nicht. Als ich am Morgen auf die Suche nach ihnen ging, fand ich Sheba allein. Sie rief unaufhörlich, und zwar recht aufgeregt. Ich wußte gleich, daß irgend etwas schiefgegangen war. Sheba führte mich in ein Dickicht am Flußufer, wo ich Suleiman tot mit fürchterlichen Wunden in seinem Körper fand. Ich sah, daß eine schreckliche Schlacht vorausgegangen war. Das Gebüsch war flachgedrückt, die Erde aufgerissen. Offensichtlich hatte das Flußpferd Suleiman an den Stamm eines riesigen Akazienbaumes gedrückt und ihn mitten durch den Leib gebissen. Nun ja, Löwen führen ein gefährliches Leben. Besonders Junglöwen, die noch nicht genügend Erfahrung gesammelt haben. Ich kann nur sagen: ›Suleiman starb wie ein Löwe‹. «

Sheba hatte die Leiche ihres Bruders zwei Nächte lang bewacht. Man konnte sehen, daß Krokodile das Ufer heraufgekrochen und von ihr wieder zurück ins Wasser gejagt worden waren. »Ich habe Suleiman dicht bei dem Platz begraben, wo ich ihn gefunden hatte, gerade in einer Höhe, die vom Hochwasser nicht erreicht wird. Sheba saß dabei. Sie wollte den Platz nicht verlassen. Ein paar Tage später fing ich sie in einem Käfig ein, nahm sie mit zum Lager und sperrte sie mit dem Junglöwen Kaunda und seinem Freund Jojo ein, der kurz zuvor nach monatelanger Abwesenheit zum Lager zurückgekehrt war. Ich wollte, daß die einsame Sheba sich mit den beiden anfreunden würde.

Doch als ich Sheba, Kaunda und Jojo aus dem Lager ließ, stürzten sich Sheba und die anderen großen Löwen gleich auf Jojo. Ich konnte gerade das Tor noch ein bißchen öffnen und Jojo hereinlassen – wobei ich in der Hitze des Gefechtes obendrein ins Bein gebissen wurde!

Übrigens ist es dem Flußpferd auch nicht gerade gut ergangen. Drei Monate später sah Tony in einer Lache am Fluß einen Bullen, der offensichtlich schwer verwundet war. Es war nicht weit von dem Platz entfernt, an dem Suleiman umgebracht worden war. Ich fuhr am nächsten Tag hin und fand das Flußpferd auf einer Uferbank im Schatten eines kleinen Baumes. Es wirkte ganz benommen. Ich fuhr näher heran, um es besser zu sehen, stieg aus dem Wagen und nahm meinen Feldstecher, um die Wunden zu betrachten. Plötzlich schnaubte das Tier gewaltig und griff an. Ich sprang auf den Fahrersitz. – Bevor ich aber den Wagen starten konnte, schlug der Bulle gegen das Fahrzeug und hob es an, so daß ich dachte, er würde es umwerfen. Dann biß er in den vorderen Kotflügel und ging zu seinem Baum zurück. Ein paar Tage später sah ich den Bullen wieder. Sein Rücken wies tiefe Krallen-Einrisse auf, und das rechte Vorderbein schien schwer verwundet zu sein. Kein Zweifel: das war das Flußpferd, das Suleiman getötet hatte.« Wir haben uns an diesem Abend und an den folgenden noch lange unterhalten – abends im Lager. Stundenlang leisteten uns immer wieder Löwen Gesellschaft, die ein paar Meter weiter hinter dem Drahtzaun aus einem Trog Wasser tranken.

Erst einen Tag später erfuhr ich, daß unweit des Platzes, wo wir am Nachmittag den Löwen zuzusehen pflegten, zur gleichen Stunde ein deutscher Besucher ermordet worden war. Franz Schnipper hatte sich mit vier Einheimischen in einem Geländewagen auf dem Rückweg zu dem neuen Besucherlager am Zusammenfluß des Bisanadi- mit dem Tana-Fluß befunden. Ein paar hundert Meter vor dem Ziel eröffneten Wilddiebe das Feuer und töteten den Deutschen und den Kenianer Stanley Mulyuya. Die drei anderen Wageninsassen wurden verwundet, ein vierter konnte entkommen. Die Angreifer ließen die Toten und Verwundeten bei dem kugeldurchlöcherten Wagen liegen und gingen gegen das Lager vor, wobei sie in die Luft und auf die Häuser schossen. Die sechs Mann, die im Lager waren, sprangen in den Tana und brachten sich stromabwärts in Sicherheit. Einer wurde von einer Kugel noch in die Schulter getroffen. Zwei der Flüchtlinge marschierten fast siebzig Kilometer weit zum Meru Mulikana-Gasthaus. (Erst von dort aus konnten sie die Polizei verständigen.) Dabei kamen sie an Löwen, Elefanten, Leoparden und anderen Wildtieren vorbei, die ihnen nichts zuleide taten.

Joy Adamson, die Frau von George Adamson, lebte seit Jahrzehnten in einem Lager in der Wildnis, etwa fünfzig Kilometer von dem ihres Gatten entfernt. Sie hatte dort Löwen, Geparden und Leoparden frei aufgezogen und sie erforscht. Ein paar Wochen nach meinem Besuch wurde Joy Adamson ermordet – nicht von Löwen und Leoparden!

Am gefährlichsten für Menschen bleiben eben immer noch – Menschen.

Mistkäfer sind wichtiger als Elefanten

Was hier in meiner Faust sitzt, ist für das Überleben der Serengeti wichtiger als die Gruppe Elefanten dort!« sage ich zu meinem Gefährten.

Wir sitzen vor dem Zelt, in dem wir am Hang des Ngorongoro-Kraters übernachtet haben, und kochen unseren Morgentee. »Diese fünf Elefanten weiden täglich etwa tausend Kilogramm Pflanzen ab. Bei ihnen macht es nun einmal die Masse; sie verdauen nicht so gut wie etwa die Flußpferde. Deswegen wird das meiste in Form von riesigen Kotballen wieder ausgeschieden. Was wird daraus? Und aus den ungeheuerlichen Kotmassen, die von den anderen Großtieren hier abgegeben werden? Über zwei Millionen leben jetzt auf der Serengeti, ihre Zahl hat sich in den letzten zwanzig Jahren verfünffacht.«

»Der Kot düngt doch einfach den Boden? So bleibt die Serengeti fruchtbar«, meint Christian und blickt verträumt über die weiten Steppen, die von der Morgensonne taufrisch überstrahlt werden.

»Aber wozu pflügen unsere Bauern dann den Dünger unter die Erde?« frage ich. »Und dabei ist der doch schon auf dem Misthaufen verrottet. Hier in der Steppe würde der Kot, besonders in der Trockenzeit, wenn monatelang kein Regen fällt, einfach vertrocknen. Das Gras könnte später kaum durchdringen, die Antilopen wollen nicht von ihrem eigenen Kot weiden. Wie viele lästige Fliegen würden darin brüten und sich vermehren! Nein, ohne Elefanten könnte die Serengeti durchaus leben – als ich vor dreißig Jahren das erste Mal herkam, gab es gar keine. Dieser kleine Kerl hier ist viel wichtiger für die afrikanischen Steppen.«

Ich öffne meine Hand und zeige den schwärzlichen Käfer: ein Pillendreher, ein Mistkäfer. Wir gehen zusammen zum nächsten Kothaufen, wo ich ihn auf die Erde setze. Andere Pillendreher sind dort gerade beschäftigt, den Dung zu zerteilen, Kugeln daraus zu formen und sie wegzurollen. Die Käfer müssen das schnell tun, denn Kot ist sehr be-

Seite 209
In Neuguinea benutzen die Einheimischen sehr gern die schimmernden Flügeldecken der Pillendreher, um Kopfschmuck daraus zu machen.

Seite 210 oben links
Bei manchen Pillendrehern setzen sich die Weibchen auf die Kugel, klammern sich fest und lassen sich von den Männchen mitwegrollen.

Seite 210 oben rechts
Die alten Ägypter sahen in den Pillendrehern, den Skarabäen, das Sinnbild des Schöpfers und des Sonnengottes. Sie bildeten sie in Steinen und Edelsteinen nach und trugen sie an Armbändern und Ringen.

Seite 210 unten
Der Perlhühner wegen sind in der Serengeti die meisten Mistkäfer und Pillendreher nachts tätig – am Tag wären sie von den Hühnern bald aufgepickt.

Seite 211
Die afrikanischen Pillendreher und Dungkäfer sind daran gewöhnt, auch den Mist von Hausrindern zu verarbeiten – ganz im Gegensatz zu den australischen Mistkäfern, die den Dung der eingeführten Rinder nicht anrührten. Ein Fünftel der australischen Weideflächen wurde dadurch völlig nutzlos.

Seite 212/213
Mitunter kommt es auch in der Serengeti zu traurigen Vorfällen. Gnus ziehen ja in tausend- oder gar zehntausendköpfigen Herden über die Steppen und durchqueren dicht gedrängt die Flüsse. Bei Hochwasser verlieren die hineingeschobenen Tiere mitunter im reißenden Strudel den Boden unter den Füßen. Schwimmen können sie dann oft nicht, weil sie in ungeheuren Massen durcheinander gewirbelt und von den nachdrängenden unter Wasser getreten werden. An einer Stelle fanden wir dreihundert tote Gnus.

Seite 214 oben links
1970 hat man die letzten, aufs äußerste bedrohten Pferdeantilopen aus der Gegend bei Thika, nordöstlich von Nairobi, in die Shimba-Hills im südlichen Zipfel von Kenia gebracht. 1974 wurde dort ein 1900 km² großer Nationalpark geschaffen. Inzwischen haben sich die Pferdeantilopen auf über sechzig vermehrt. Auf dem Rücken dieses Pferdeantilopenbockes sitzt ein Madenhacker. Diese Stare fliegen Haus- und Wildtiere an und klettern auf ihnen herum wie die Spechte an einem Baumstamm. Sie suchen die Haut nach Zecken und Fliegenlarven, aber auch nach Hautresten ab und befreien die Rinder, Zebras, Nashörner und Elefanten von Schmarotzern und Krankheitsüberträgern. Bei Gefahr warnen sie sie außerdem vor Feinden.

Seite 214 oben rechts
Das gleiche tut hier ein zahmer Rotschnabel-Madenhacker auf dem Rücken von Christian Grzimek. Obwohl der zutrauliche Vogel sicher in dem Haarschopf keine Läuse findet, sucht er kräftig und nicht ganz schmerzlos weiter, um den Kopf zu »säubern«

Seite 214 unten
Eine Straußenmutter führt hier im Shimba Hills-Nationalpark von Kenia ihre sieben Jungen. Der Vater folgt in kurzem Abstand. Ein Strauß ist bis zu drei Meter hoch und wiegt über 140 Kilogramm. Ein Ei ist 800 bis 1600 Gramm schwer, was etwa vierzig Hühnereiern entspricht. Es hat eine zwei Millimeter dicke Schale und muß zweiundvierzig Tage lang bebrütet werden, und zwar über die Hälfte der Zeit vom Hahn.

Fortsetzung Seite 221

gehrt. Allein in Afrika gibt es über zweitausend verschiedene Arten von Mistkäfern. Die größten sind über zwanzig Gramm schwer, sieben- bis achtmal größer als die kleinsten Spitzmäuse, Vögel oder Fledermäuse. Die winzigsten Mistkäfer haben nur ein Tausendstel dieses Gewichtes, sie wiegen nur einige Milligramm.

Da drüben haben solche Heinzelmännchen schon gearbeitet! Nur eine flache, zwei bis drei Zentimeter dicke Matte aus unverdaulichen Kotresten ist übriggeblieben. Das haben nicht Sonne, Wind und Regen besorgt; das ist in der letzten Nacht geschehen, innerhalb einer halben Stunde. Nach Sonnenuntergang kommen nämlich ganze Wolken von winzigen Mistkäfern angeflogen, landen auf den Dungballen und bohren sich sofort hinein. Das Ganze verschmilzt zu einer flachen, sich ständig bewegenden Masse aus Kot

Bildunterschriften zu den Bildseiten 215–220

Seite 215 oben
Der Kleine Kudu ist ein getreues, verkleinertes Abbild des viel größeren Großen Kudu. Während dieser außer in Ostafrika auch in ganz Südafrika lebt, bewohnt der Kleine Kudu vor allem trockene Dornbuschgebiete in der Ebene und im Hügelland Ostafrikas; sein Verbreitungsgebiet ist also recht begrenzt.

Seite 215 unten
Bei Gefahr sind die Kudus rasch im Gebüsch verschwunden. Man sieht die Kleinen Kudus in Zoos viel seltener als ihre großen Vettern. Sie haben sich jedoch schon in verschiedenen Tiergärten fortgepflanzt.

Seite 216
Bei den afrikanischen Wildhunden – oft fälschlich Hyänenhunde genannt – genießen Junge und behinderte Alte beim Essen ein gewisses Vorrecht. Die Jungen können sogar recht angriffslustig werden und die körperlich überlegenen Erwachsenen beißen, ohne wiedergebissen zu werden. Manche Wildhunde – und nicht nur die Weibchen – übernehmen zeitweise das Wächteramt in der Umgebung der Aufzuchthöhlen, andere die Führung bei der Jagd.

Seite 217
In der Serengeti und im Ngorongoro-Krater von Tansania, wo es genug Beutetiere gibt, jagen die Wildhunde nur, wenn die Sonne dicht über dem Horizont steht, also frühmorgens von 6.30–8.00 Uhr und abends zwischen 18.00 und 20.00 Uhr. Tagsüber gehen sie gern in ihre kühlen Höhlen oder liegen in kleinen Gruppen im Schatten einzelner Bäume.

Seite 218/219
Bei den Schlangenhalsvögeln trägt der Mann die Stöcke herbei, mit denen das Weib die Nester errichtet. Beide Geschlechter bebrüten abwechselnd die Eier. Schlangenhalsvögel sind gewissermaßen Segelflieger und gleichzeitig Unterwasser-Speerfischer. Sie sind dem Leben in der Luft wie unter Wasser vorzüglich angepaßt. In einer Aufwindblase lassen sie sich ohne Flügelschlag in Spiralen aufwärts tragen und gleiten dann zur nächsten Blase abwärts.

Seite 220
Die Eierschlangen können sogar große Eier bis zum Rumpfansatz hinunterwürgen. Trotz ihres kleinen und kurzen Kopfes sind Hals und Mund so weit dehnbar, daß sich beim Verschlingen eines großen Eies die einzelnen Schuppen der Halshaut weit voneinander trennen. Verlängerte Wirbelfortsätze ragen in die Speiseröhre hinein. Diese scharfkantige Säge ritzt das Ei beim Verschlingen an. Es fällt zusammen, und der Inhalt kann in den Magen fließen. Die Eischalen werden wieder ausgewürgt.

und Käfern. Aber wer sieht das schon im Dunkeln? Man müßte die Besucher nachts wecken, um es ihnen vorzuführen. Schon nach einer Viertelstunde ist der Dunghaufen für die größeren Käfer ungeeignet geworden – sie können keine Bälle mehr rollen. Eine fertig geformte Mistkugel, die von den großen Pillendrehern, den Skarabäen, geformt und dann einfach aufgegeben worden war, enthielt bereits über fünfzig kleine Mistkäfer. Die großen müssen sich also sehr beeilen.

Andere, meist schon erheblich größere Käfer graben gleich unter dem Dung Schächte in die Erde und schleppen den Mist dort hinein – in Sicherheit und um Eier hineinzulegen. Manche von ihnen sind recht groß (Heliocopris dilloni) und ihre Gänge bis zu einem Meter lang. Sie haben kräftige Beine mit Schaufeln an den Vorderfüßen. Der Vorderteil ihres Kopfes wirkt wie die Schaufel einer Planierraupe. Meist sind es Ehepaare, die zusammenarbeiten. Das Weibchen formt die Bälle und legt in jeden ein Ei. Sie bohrt die Löcher und schiebt die Erde heraus. Das Männchen drückt den Dung rückwärts hinein, seine Ehefrau übernimmt ihn. Das Männchen ist also den Beutegreifern – den Hornraben, Perlhühnern, Frankolinen – viel mehr ausgesetzt als seine Frau. Sie ist ja für die Fortpflanzung wichtiger.

Solche Mistkäfer gibt es auch in Mitteleuropa, etwa Geotrupes stercorosus, der bis 65 cm tiefe Löcher gräbt. Eine andere verwandte Art unseres Mistkäfers (G. speneger) vergräbt im Laufe seines Lebens zweitausendmal soviel Dung in der Erde wie er selber wiegt. Wie G. Birukow bei unseren Mistkäfern festgestellt hat, können sie sich in duftfreien Windströmen nach dem Winde zurechtfinden, wahrscheinlich mit Hilfe ihrer Antennen. Sonst benutzen sie das Sonnenlicht. Birukow konnte sie im dunklen Zimmer ganz beliebig lenken, indem er eine Lampe neben sie stellte, die er hin- und herschob. Er ließ die Mistkäfer im Kreis und im Zickzack marschieren. Adelheid Vinking-Nikolay entdeckte, daß unser Waldmistkäfer Töne erzeugt; er tut das allerdings nicht mit Hilfe von Stimmbändern, sondern indem er am Bauch Haar- und Schuppenfelder gegeneinander streicht.

Geradezu berühmt geworden aber sind die Pillendreher, darunter besonders die Skarabäen. Sie haben lange, dünne, nach außen gebogene Beine, die sie zum schnellen Laufen und zum Zusammendrücken des Dunges brauchen. Manche drehen nur erbsengroße Dungbälle – sie wiegen selbst nur einige Tausendstel Gramm –, andere formen tennisballgroße Kugeln. Allein von den Skarabäen gibt es neunzig verschiedene Arten. Bei den einen klettert das Weibchen auf den Ball und läßt sich von dem Männchen mit fortrollen, bei anderen rollen die Weiber mit, manche laufen hinterher. Bei wieder anderen Arten gehen die Weibchen zu einem Mann, der schon eine fertige Kugel wegschafft, und schließen sich ihm an. Die Eier werden erst hineingelegt, wenn die Kugeln tief unter der Erde sind.

Diese Skarabäen, wie auch die anderen Mistkäfer, können nicht den großen, wandernden Herden der Serengeti folgen, denn sie sind, je nach Art, entweder nur in der Nacht oder am Tag tätig. Außerdem müssen sie wenigstens einen Tag bei ihren vergrabenen Mistvorräten bleiben, um in Ruhe zu essen und die Eier abzulegen, die unter der Erde gut geschützt sind. Das Weibchen des Heiligen Pillendrehers, des bekanntesten Mistkäfers, legt deshalb während einer Brutzeit insgesamt nur fünf bis zehn Eier. Die Brutbirne unter der Erde hat einen Durchmesser von fünf bis sechs Zentimetern, die Brutkammer ist so groß wie eine menschliche Faust.

Die Arbeit des Heiligen Pillendrehers sieht folgendermaßen aus: In fieberhafter Eile gräbt er mit seiner Kopfschaufel eine Spalte in den Kot, den er sich gleichzeitig mit den Vorderbeinen unter den Bauch scharrt. Das wiederholt der Käfer ständig, wobei er sich im Kreise bewegt. Auf diese Weise entsteht ein immer tiefer werdender Graben rings um einen Hügel herum, der neben und unter dem kleinen Arbeiter beständig anwächst. Mehr und mehr drückt ihn der Käfer zu einer Kugel zusammen. Ist diese fertig, steigt der Käfer mit Kopf und Vorderbeinen hinab auf den Boden. Dann läuft er mit den Hinterbeinen, die sich noch auf der Kugel befinden, vorwärts, so daß diese sich in der Gegenrichtung dreht. Mit den Vorderbeinen auf der Erde aber marschiert er gleichzeitig rückwärts.

All das können Christian und ich hier in aller Muße beobachten, denn manche Arten arbeiten auch am Tage. Die Besucher aus Europa aber sehen so etwas nicht, sie bewundern die Giraffen und die Löwen.

Im Altertum war das anders: Da hat man diesen Käfern zugesehen. Der Heilige Pillendreher, der nur zwei bis zweieinhalb Gramm wiegt, war schon für die alten Ägypter das Sinnbild der Sonne; sie bildeten ihn aus Halbedelsteinen nach, benutzten sein Abbild als Anhänger, Siegel, Zaubermittel. Weil aus der leblosen Kugel, die er formt, Lebewesen entstehen, wurde er zum Sinnbild des Weltschöpfers der Auferstehung. Man balsamierte Skarabäen auch ein – noch in unserer Zeit hat man sie in Theben gefunden. Die Kirchenväter haben sogar Jesus Christus mit dem Pillendreher verglichen. Schmuckstücke in Skarabäen-Gestalt wurden in großer Zahl in Ruinen und in der Erde entdeckt, selbst weit weg von Ägypten. Man stellte diese Käfer damals auch mit Menschen-, Widder- und Falkenköpfen dar.

Neue Erkenntnisse über die Pillendreher und Mistkäfer verdanken wir den kalifornischen Kerbtierforschern Bernd Heinrich und George A. Bartholomew, die längere Zeit bei uns im Nationalpark Tsavo-Ost gearbeitet haben, und zwar besonders in der Nacht. Denn in der Dunkelheit sind die meisten Mistkäferarten tätig; am Tage sieht man sie seltener. Nach Sonnenuntergang kommen sie in Schwärmen und Wolken angeflogen.

Manche Arten nähren sich nur von den Ausscheidungen bestimmter Tierarten, die meisten aber nehmen jede Sorte Dünger an. Sie finden ihn mit Hilfe des Geruches. Stets waren nämlich in kürzester Zeit große Mengen von ihnen da, sobald Kot als Lockspeise selbst in tiefster Dunkelheit ausgelegt worden war. Auch wenn die Forscher Bälle aus Lehm formten, die sie mit Flüssigkeit von Elefantendung beträufelten, wurden die Kugeln von den ankommenden Käfern sofort übernommen und verteidigt. Eine nächtliche Mistkäferart flog immerhin mit 30 km/st Geschwindigkeit, rannte rasend schnell und brauchte 1,1–53 Minuten, um einen Ball zu formen.

Diese Käfer im Boden, Würmer und andere Kleinlebewesen sind zusammen viel schwerer als all die Großtiere, die auf der Erde leben. Wie wichtig allein die Pillendreher und Mistkäfer sind, hat man in Australien gesehen. 1788 hat ein englischer Kapitän dort sechs Rinder ausgeladen, die sich bis heute auf dreißig Millionen vermehrt haben. Jedes Tier setzt täglich zehn bis zwölf Kuhfladen ab, zusammengerechnet über dreihundert Millionen. Sie bedecken fünf bis zehn v. H. des Weidelandes. Rinder weiden aber nicht gern dicht am eigenen Kot. So geht ein Fünftel der Weidefläche verloren. Die australischen Mistkäfer aber, die es schon vor der Entdeckung dieses Erdteils gab, gehen nur an den Kot der einheimischen Tiere, nicht an den der eingebürgerten Rinder, Schafe und Pferde. So bleiben deren Ausscheidungen liegen, werden zu einer Tummelstätte für Fliegen und nehmen der Landwirtschaft einen großen Teil der Weideflächen weg.

Auch die Mistkäfer, die man in den ersten Jahren dieses Jahrhunderts aus Deutschland, Mexiko und Südafrika eingeführt hatte, schafften keine Abhilfe: sie vermehrten sich nicht. Schließlich wurden auf Veranlassung von Dr. G. Bornemisza verschiedene Dungkäfer aus Hawaii, 250 000 Stück von vier verschiedenen Arten, ausgesetzt. Besonders erfolgreich aber war der afrikanische Gazellenkäfer. Innerhalb von zwei Jahren vermehrte er sich zu Millionen, besiedelte vierhundert Kilometer des Küstengebietes und drang bis zu achtzig Kilometer tief ins Landesinnere ein. Ebenso weit flog er über das Wasser und ließ sich auf Inseln nieder. Inzwischen hat man im Norden Australiens bereits einen Rückgang der lästigen Büffelfliegen festgestellt, die Rinder haben ein besseres Durchschnittsgewicht.

Der Wert der natürlichen Düngung, die durch die Mistkäfer zustande gekommen ist, wird auf 600 Millionen Mark jährlich geschätzt. Aus Südafrika hat man noch weitere Arten geholt, besonders solche, die auch am Tage fliegen. Allerdings werden sie heute, um das Einschleppen von Maul- und Klauenseuche und Rinderpest zu verhüten, zunächst gewaschen und entkeimt. In die Freiheit entläßt man erst ihre Kinder, die in Versuchsanstalten gezüchtet wurden.

Hält man sich den Nutzen solcher Tiere vor Augen, wird einem erst klar, wie unüberlegt unsere Industrie heute die ahnungslosen Entwicklungsländer mit Schädlings-Bekämpfungsgiften beliefert, die im eigenen Lande inzwischen meist verboten sind! Niemand hat vorher bedacht, berechnet und erprobt, was gerade in den Tropenländern im Kreislauf der Natur nebenbei mit vernichtet wird.

Auch in Afrika sind Hausrinder im Grunde Neulinge und Einwanderer. Zwar sind sie schon siebentausend Jahre früher hierher gekommen als nach Australien, aber was sind schon ein paar Jahrtausende in der Geschichte des Lebens! Wahrscheinlich wurden die ersten Rinder etwa 5000 Jahre v. Chr. nach Ägypten gebracht und dürften sich von dort aus allmählich über den ganzen schwarzen Erdteil ausgebreitet haben. Sie zertrampeln die empfindlichen Trockensteppenböden, überweiden sie und verwandeln sie auf diese Weise in Wüsten, weil ihre Zahl durch die erfolgreiche neuzeitliche Seuchenbekämpfung sowie durch unüberlegte Vorhaben der deutschen Entwicklungshilfe immer mehr zunimmt.

Warum aber haben die Mistkäfer in Afrika den Kuhdünger verarbeitet und in Australien nicht? Ich glaube, des Rätsels Lösung ist der afrikanische Wildbüffel, der sogenannte Kaffernbüffel. Er ist eng mit den Hausrindern verwandt und Mischlinge zwischen den beiden sind, im Gegensatz zu Kreuzungen aus Pferd und Esel, fruchtbar. Die Mistkäfer Afrikas waren also, anders als die australischen Kotverarbeiter, an Kuhdung von den Büffeln her gewöhnt.

Heinrich und Bartholomew haben im Tsavo-Nationalpark mit ganz feinen Nadeln in den Brustmuskeln von fliegend ankommenden großen Dungkäfern die Körperwärme gemessen. Sie betrug 39–45° C – war also um zwei bis acht Grad höher als bei den meisten Säugetieren und entsprach der fliegender Vögel. Würde die Wärme in einem Muskel nur ein bis zwei Grad weiter ansteigen, müßten die Tiere sterben. Bei den kleineren Arten lag die Muskelwärme nur bei 27 C – ein paar Grad mehr als die nächtliche Luftwärme im Tsavo-Nationalpark. Das hat bestimmte Gründe. Je größer ein Käfer ist, um so kleiner ist seine Oberfläche im Verhältnis zum Körpergewicht, um so weniger kann also Wärme von der Körperoberfläche an die Außenluft abgegeben werden. Deswegen haben auch die schwergewichtigen Elefanten und Nashörner kein speicherndes Fell wie die kleineren Tiere. Die großen Käfer müssen also in der kühlen Nacht fliegen.

Andererseits brauchen sie eine bestimmte Körperwärme, um überhaupt abfliegen zu können. Um diese zu erreichen, müssen sie sich erst bewegen und umherlaufen. Ein Pillendreher von 11,7 Gramm braucht ganze fünf Minuten, um von 27 Grad Muskelwärme auf 40 Grad zu kommen. Viele Arten heizen sich auf, indem sie zittern, aber oft genügt allein die Erdarbeit. Denn anders als beim Fliegen können sie zu Fuß fast alles tun, wenn sie nur die Wärme der Umgebung haben. Allerdings bewegen sich Käfer mit niedriger Körperwärme langsamer. Die am Tage tätige Pillendreherart Scarabaeus catenatus hatte im Flug 41 Grad Körperwärme, beim Ballformen im Schatten 28,4 und in der Sonne 37 Grad. Die Weibchen einer anderen Art, die sich vom Männchen auf dem Ball davonrollen lassen, wiesen eine niedrigere Körperwärme auf als ihre Ehegefährten. Mit heißen Muskeln rollen manche Käferarten ihren Ball in einer Minute 14 Meter weit fort! Ein Tier brachte es bei 42 Grad Körperwärme auf 11,5 Meter in der Minute, bei 32 Grad aber nur noch auf 4,8 Meter. Aus diesem Grund machen sich die Tierchen gleich nach der Landung an die Arbeit, solange sie noch heiß und damit auch schnell sind. Sie können dann ganz rasch arbeiten und den Ball in Sicherheit bringen, bevor sich eine Unzahl anderer, winziger Mistkäfer darin einbohrt.

Am schnellsten aber kommt man an einen Ball heran, indem man ihn stiehlt. Gibt es dabei einen Kampf, gewinnt gewöhnlich der Neuankömmling, der vom Fliegen noch viel heißer ist. Jeder schiebt von einer Seite der Kugel. Oft schleudert der eine den Gegner mit den Beinen bis zu zehn Zentimeter weit weg. Er landet immer auf dem Rücken, und so gut wie nie wird einer ernstlich verletzt. Diese Kämpfe dauern meist nicht länger als zehn Sekunden. Für den Ankömmling lohnt sich also der Kampf, und der andere täte besser daran, den Ball vorher weit wegzurollen oder ihn schon unter die Erde zu bringen. Oft nutzt es auch, zwischendurch zu zittern und dadurch die Körperwärme wieder aufzuheizen.

Ja, in den Steppen Tansanias kann man immer wieder neue Dinge entdecken.

Reise in das von Kriegswirren heimgesuchte Uganda

Ich bin oft im Leben in Uganda gewesen, aber zweimal habe ich die Grenze nur mit Unbehagen überschritten. Heute ist es das dritte Mal. Ich will mit meiner Familie im eigenen Kleinbus durch das vom Krieg heimgesuchte Land fahren. Was wird uns erwarten?

Schon an der Grenze werden uns vor den Zollstellen Bündel von Geldscheinen entgegengehalten: 1000 Uganda-Schilling gegen 100 Kenia-Schilling! Dabei steht der amtliche Wechselkurs 1:1. Zum Glück holt mich der Wildwart Paul Ssali Naluma am Schlagbaum ab und fährt mit uns bis in die Hauptstadt Kampala. Im dortigen Speke-Hotel läuft das Wasser nur nachts von elf bis eins, das Licht wird um 10 Uhr ausgeschaltet. Alle Geschäfte sind geschlossen und leer. »Gehen Sie nach 6 Uhr abends nicht durch die Straßen!« raten mir ängstliche Leute. »Neulich hat man sogar den katholischen Bischof angehalten und ihm das Auto abgenommen!«

Auf den Märkten werden reichlich Bananen, Obst, Gemüse und Mehl angeboten, doch kaum Fleisch und Eier. Ich tröste die Einheimischen: Bei uns in Deutschland hat es fünf Monate nach Kriegsende sehr, sehr viel schlimmer ausgesehen!

Weil ich weiß, daß rasche Hilfe dreifache Hilfe ist, hat die »Zoologische Gesellschaft von 1858« aus unserer Spendensammlung »Hilfe für die bedrohte Tierwelt« in den vergangenen Monaten zwei Kleinflugzeuge der Nationalparks wieder einsatzbereit machen lassen. Da die Preise zum nächsten Monatsersten um sechseinhalb v. H. erhöht werden sollten, hatte ich noch fernmündlich vier Geländewagen gekauft. Inzwischen sind sie eingetroffen. Alle anderen Fahrzeuge in den Nationalparks von Uganda sind an die Soldaten und die Flüchtlinge verlorengegangen.

Am nächsten Morgen empfängt mich der neue Präsident von Uganda, Godfrey Binaisa, ein früherer Rechtsanwalt. Selbst in seinem Regierungspalast fehlen viele Glühbirnen, wie ich feststelle. Ich trage ihm vor, wie willkürlich die Wildtiere in den Nationalparks und Schutzgebieten jetzt abgeschossen werden, weil nach dem Krieg noch immer viele Schußwaffen im Umlauf sind.

»Sie sollten ein Gesetz erlassen, daß die Waffen bis zu einem bestimmten Zeitpunkt abzuliefern sind. Nach diesem Tag müßte der Besitz eines Gewehres strafbar sein. Wer dagegen unerlaubten Waffenbesitz anzeigt, sollte eine Belohnung bekommen.«

Der Präsident stimmt sofort zu. (Schon am nächsten Tag kann ich es auf der Titelseite der neuen Tageszeitung, der »Uganda Times«, nachlesen. In dem Bericht steht ferner, daß der Präsident auch meinem Vorschlag zugestimmt hat, das alte, noch aus britischer Kolonialzeit stammende Naturschutzgesetz zu ändern. Es sieht nämlich als Höchststrafe für Wilddieberei nur drei Monate Gefängnis vor. Künftig sollen bis zu fünfzehn Jahren verhängt werden.)

Als nächstes trage ich dem ruhig wirkenden Präsidenten mein wichtigstes Anliegen vor. In auswärtigen Zeitungen habe ich gelesen, daß eine britische Gesellschaft aufs neue versucht, die neue Regierung zum Bau eines Riesenstaudammes am Viktoria-Nil, mitten im Kabalega-(früher Murchinson-Falls-)Nationalpark zu überreden. Unter zwei Vorgängern Binaisas habe ich das verhindern oder jedenfalls sehr dazu beitragen können. Während der Präsidentschaft von Apollo Milton Obote, dem Vorgänger Idi Amins, kämpfte der tüchtige schwarze Direktor der Nationalparks, Francis Katete, wie ein Löwe gegen dieses Vorhaben. Er ist später bei einem Autounfall ums Leben gekommen oder umgebracht worden. Francis schickte mir Abschriften von innergeschäftlichen Briefen der britischen Unternehmer – ich habe nie erfahren, wie er sie sich verschafft hat. In einem dieser Briefe stand zu lesen: Die Fachleute, die sich mit den vorbereitenden Untersuchungen befassen würden, sollten sich sehr unauffällig benehmen, »andernfalls würde Prof. Grzimek davon hören und die ganze Welt aufstacheln«. Schon in britischer Kolonialzeit hatte man festgestellt, daß der Fels in der vorgesehenen Gegend nicht stark genug ist, um die ungeheuren Wassermassen zu tragen, und daß ein Drittel des elektrischen Stromes verloren gehen würde, bis man ihn zum weit abgelegenen Industriegebiet bei Jinja am Viktoria-See geleitet hätte. Vor allem aber wäre ein solcher Damm das Ende eines der herrlichsten Nationalparks von ganz Afrika.

Als 1971 Idi Amin ans Ruder kam, rührte sich dieselbe Gesellschaft erneut. Für mich damals ein Grund, trotz aller Warnungen mit dem Wagen nach Kampala zu fahren. An der Grenze wurden unsere Koffer fünfmal nacheinander von immer ranghöheren Zollbeamten ausgepackt und durchsucht. Der neue Umstürzler lud mich in sein Haus ein, zu einem Abendessen mit seinen Ministern. Über den Anblick eines Gastes war ich verwundert – denn laut den Zeitungen in Nairobi war er schon vor vier Wochen vom Präsidenten umgebracht worden. Idi Amin hielt ich die Untaten seiner Soldaten in den Nationalparks eingehend vor und fragte ihn, warum er den großen Staudamm in dem entlegensten Winkel Ugandas errichten wolle? Vielleicht, weil er selbst aus dieser Gegend komme und für seinen Heimatstamm etwas tun wolle? Der deutsche Botschafter, der mich damals begleitete, entschuldigte sich, daß ich »so deutlich« mit dem Präsidenten gesprochen hätte. Amins Antwort aber lautete einfach: »I like him« – ich mag ihn. Am nächsten Tag mußte ich in der Makerere-Universität einen Vortrag halten und mich im ugandischen Fernsehen mit zwei schwarzen Wirtschaftswissenschaftlern über die Frage streiten, ob die auswärtigen Besucher der Nationalparks die alten afrikanischen Sitten zerstörten.

Ich habe Amin, solange er an der Macht war, noch zweimal besucht und für die Sache der Nationalparks gefochten.

Wenn man, wie ich, versucht, die Reste der Natur auf Erden zu erhalten, kann man nicht warten, bis in einem Lande die richtige Regierung am Ruder ist, man muß mit jeder verhandeln. Amin soll Amnesty International zufolge mehr als zehntausend Menschen in seinem Lande ermordet haben. In den Nationalparks hat er mehrmals gejagt oder fremde Gäste Tiere schießen lassen. Als ihm aber der mutige Wildwart Ssali Naluma im Kidepo-Park vorzuhalten wagte, daß dies gegen das Gesetz verstoße, stellte er das Jagen ein.

Nun also stehe ich in den gleichen Räumen seinem Nachfolger gegenüber. Wie verschieden die beiden doch sind!

»In den Zeiten vor Amin war die zweitstärkste Einnahmequelle Ugandas, damals noch eines der reichsten Länder Afrikas, der Tourismus. Durch ihn wird auch jetzt am schnellsten ausländisches Geld ins Land kommen, mit dem der notleidenden Bevölkerung nachdrücklich geholfen werden kann!« trage ich ihm vor. »Während nach Kenia die Besucher auch deshalb kommen, weil sie sich am Ozean sonnen wollen, sind es in Uganda fast ausschließlich die Wildtiere und Nationalparks, die Menschen aus aller Welt anziehen. Ein Staudamm im Kabalega-Park, mit zehntausend Arbeitern, die jahrzehntelang mitten in der Wildnis wohnen müßten, würde den Hauptanziehungspunkt Ugandas und einen kulturellen Gemeinbesitz der ganzen Menschheit zerstören. Außerdem hat Uganda bisher nicht einmal den elektrischen Strom, der durch Wasserkraft erzeugt wird, völlig verbraucht.«

Präsident Binaisa schüttelt verneinend den Kopf: »Niemals werden wir das zulassen!« Auch diese Zusage wird am nächsten Tag in der Zeitung bestätigt.

In einem Punkt allerdings habe ich keinen Erfolg. Die Wildhüter in den Nationalparks brauchen dringend Waffen und Munition, ohne die sie sich nicht gegen die schwerbewaffneten Wilddiebe und ehemaligen Soldaten Idi Amins verteidigen können. Daß die tansanische Armee, die das Land von der Schreckensherrschaft Amins befreit hat, die großen Mengen an eroberten Waffen teilweise dafür freigeben würde – dieser Gedanke wird nicht einmal erwogen.

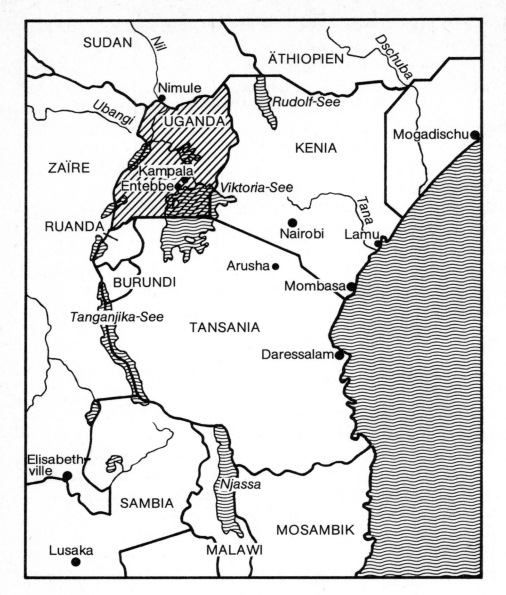

Uganda, beiderseits des Äquators gelegen, war von 1896 bis 1962 britische Kolonie. Nach seiner Entlassung in die Unabhängigkeit war es zunächst Königreich, bis es nach einem Staatsstreich 1967 zur Republik ausgerufen wurde. Die fast zehnjährige Herrschaft Idi Amins, der 1971 an die Macht kam, hat dem Land großen Schaden zugefügt.

Die Regierung ernennt mich zum Kurator der Uganda-Nationalparks. Um meine Familie ist sie so besorgt, daß sie uns bei der Weiterfahrt zwei Polizisten mitgibt, die ihre selbsttätigen Gewehre kaum jemals aus der Hand legen. Die beiden Männer sehen übrigens auf dieser Reise zum ersten Mal in ihrem Leben Elefanten, Flußpferde, Krokodile, Büffel, Giraffen. Sie sind immer wieder ganz außer sich vor Begeisterung. Neun von zehn der heutigen Afrikaner haben diese Wildtiere ihrer Heimat, die nur noch in den wenigen, meist sehr entlegenen Nationalparks leben, noch niemals zu Gesicht bekommen. Immer wieder fragen mich die beiden nach dem Namen von Flüssen, Wasserfällen, Bergen.

Von Zeit zu Zeit müssen wir anhalten. Tansanische Soldaten in gefleckten Tarn-Uniformen sperren den Weg. Sie bleiben noch zwei Jahre als Besatzer im Land, um die Wiederkehr der Amin-Soldateska zu verhindern. Wir haben meist keine Schwierigkeiten, denn ich bin ja in mehrfacher Eigenschaft Beamter des Landes Tansania und habe die entsprechenden Ausweise dabei.

Nachdem im April 1979 die flüchtende Amin-Armee alle Fahrzeuge und Waffen in den Nationalparks geraubt hatte, begannen die nachfolgenden Soldaten Tansanias, an einigen Stellen Flußpferde und andere Tiere zu schießen und das Fleisch in großem Ausmaß über Händler zu verkaufen. Wir haben ja ganz Ähnliches in europäischen Kriegen erlebt. Angestellte der Uganda-Nationalparks wandten sich damals über den deutschen Botschafter verzweifelt an mich, und ich schrieb an den zuständigen Minister Tansanias. Zunächst erhielt ich eine empörte Antwort – das Ganze sei eine üble Hetze der Südafrikaner. Dann aber wurden strenge Maßnahmen in der Armee getroffen. Die deutsche Botschaft in Kampala schrieb mir bereits im Herbst, daß das Abschlachten in den letzten Wochen praktisch aufgehört habe, was vor allem auf die fortgesetzte Disziplinierung der tansanischen Soldaten zurückzuführen sei.

In den Dörfern werden wir von Bauern und Bäuerinnen in ihren kleidsamen, bunten Volkstrachten freundlich begrüßt. Nach 280 Kilometern Asphaltstraße überqueren wir den gewaltigen Viktoria-Nil und kommen von Norden her in das Chobe-Lodge des Kabalega-Nationalparks, ein hochmodernes, elegant eingerichtetes Hotel. Wir sitzen nach dem Abendessen auf einer der Terrassen. Glühend geht die Sonne hinter den Stromschnellen und den vielen kleinen Inseln im Nil unter. Die Flußpferde darin scheinen in Gold zu schwimmen. Hier ist nichts zerstört.

Am nächsten Morgen geht es über eine Staubstraße 120 Kilometer weiter zum Paraa-Lodge, dem berühmten Punkt im Kabalega-Nationalpark. Dort soll alles von den Soldaten völlig zerstört worden sein, hat man mir erzählt. Auf dem Weg sehe ich zwei Büffelherden, eine große Elefantenherde, Oribi, Wasserböcke, Hyänen, ein oder zwei Giraffen. Die meisten Bäume sind abgestorben, weil die übermäßig vielen Elefanten in den vergangenen Jahren die Rinde abgenagt haben.

Zu meinem Erstaunen ist das große Paraa-Lodge am Ufer des Nils äußerlich unversehrt. Ebenso alle Unterkünfte der Arbeiter und Wildhüter sowie Museum, Wagen, Werkstatt, Schulgebäude. Aber im Innern steht nichts mehr, alle Möbel sind weggeschleppt, die Vorhänge, elektrischen Leitungen und Wasserhähne herausgerissen. Scheiben wurden mutwillig eingeschlagen, die Türen zertreten. Auch alle Boote und Gastschiffe unten auf dem Nil fehlen bis auf eines. Und selbst bei diesem hat man die

Seite 233

Mitten in der Hauptstadt Kampala hängen seit den vierziger Jahren dieses Jahrhunderts in einer Parkanlage tagsüber in sämtlichen Bäumen Zehntausende von Palmen-Flughunden (Eidolon helvum). Gegen Abend fliegen sie über die Stadt in Richtung Viktoria-See, um auf Nahrungssuche zu gehen. Eine Viertelstunde lang sieht man dann einen nicht abreißenden Strom von Flughunden am Himmel.

Seite 234 oben links

Mit dem neuen Staatspräsidenten Ugandas, dem früheren Rechtsanwalt Godfrey Binaisa, verhandle ich – genau wie mit seinen beiden Vorgängern – über das Schicksal der Wildtiere, denen während des Bürgerkriegs schwerer Schaden zugefügt worden ist.

Seite 234 oben rechts

Auf Befehl des Präsidenten werden meine Familie und ich während unseres Aufenthaltes in Uganda ständig von zwei schwerbewaffneten Polizisten beschützt. Diese beiden in Uganda geborenen und aufgewachsenen Afrikaner sehen bei dieser Reise zum ersten Mal in ihrem Leben einen Elefanten, eine Giraffe, Flußpferd, Büffel usw. Für Einheimische ist die Reise zu den Nationalparks meist zu teuer. Deswegen haben wir aus den Spendenmitteln »Hilfe für die bedrohte Tierwelt« in vielen Parks Jugendherbergen gebaut.

Seite 234 unten links

An den Hauptstraßen liegen noch zerschossene Panzerwagen und Kraftfahrzeuge der Soldaten Idi Amins.

Seite 234 unten rechts

Den Wildhütern in den Nationalparks Ugandas fehlen nach dem Kriege Zelte, Fahrräder, Rucksäcke, einfache Feldstecher, Waffen, Regenumhänge – kurz alles, um ihre Arbeit wieder nachdrücklich aufnehmen zu können. Ihre Uniformen sind größtenteils zu Lumpen zerfallen. Hier haben wir sehr rasch geholfen.

Seite 235 oben

Im Kabalega-Nationalpark leben auch Breitlippen-Nashörner, sogenannte »Weiße« Nashörner, die man vor anderthalb Jahrzehnten aus dem äußersten Norden Ugandas hierher in Sicherheit gebracht hat und die sich hier weiter vermehrt haben. Diese nördliche Unterart der Breitlippen-Nashörner gibt es sonst nur noch in Zaire und in einem kleinen Teil des Sudan. Werden im Kabalega-Nationalpark einige die Wilddieberei während des Krieges überlebt haben?

Seite 235 unten

Der Kabalega-(früher Murchison-Falls-)Nationalpark in Uganda war einstmals von Elefanten übervölkert. Sie haben an den meisten Bäumen die Rinde abgeschält, so daß diese abgestorben sind. Ein Rückgang des Elefantenbestandes durch die Kriegswirren ist daher für den Park nicht einmal ein Nachteil.

Seite 236 oben

Viel gefährdeter als die Elefanten sind die Uganda-Kob. Sie sind ohnedies viel seltener als früher und in Uganda im wesentlichen beschränkt auf den Kabalega- und den Rwenzori-Nationalpark sowie auf das Semliki-Tal. In Tansania sind sie in neuerer Zeit nicht mehr nachgewiesen worden. Hier hütet ein Bock seine Weiberherde.

Seite 236 unten

Auf einer Strecke von zehn Kilometern zähle ich unterhalb der Kabalega-Fälle auf dem Viktoria-Nil nach den Kriegswirren immerhin noch 676 Flußpferde und 194 Krokodile. Außerdem gibt es über sechshundert verschiedene Vogelarten. Alan Root ist mutig genug, sich einem Krokodil vom Wasser her zu nähern, um es für mich zu filmen.

Schaumgummipolster von den Sitzen abgeschnitten. Die Reifen der Autos sind zerstochen worden.

Das waren keine Soldaten. Denn die schleppen keine Möbel und Wasserhähne weg. Weil alle Wildhüter vor den anrückenden Soldaten geflüchtet waren, stand ganz Paraa leer. Und so konnten die Bewohner der Umgebung – besonders die Fischer vom Ufer des nahegelegenen Albert-Sees, in den der Viktoria-Nil mündet – wochenlang ungestört plündern. Würde man heute bei ihnen Hausdurchsuchungen machen – was ich aus anderen, politischen Gründen nicht empfehle –, so fände man viele bekannte Dinge. Plünderungen sind eben eine Begleiterscheinung von Revolutionen. Auch die französischen Schlösser in Versailles und Paris wurden einstmals völlig leergeräumt.

Unter diesem Gesichtspunkt ist es eine Heldentat, daß der Assistent-Wildwart Michael Adupa mit zehn Wildhütern mutig im Chobe-Lodge geblieben ist. Sie haben den Parks ungeheure Verluste erspart. Ich habe später in Kampala vorgeschlagen, daß sie hohe Belohnungen und Orden bekommen.

Wir fahren in dem einzigen großen Motorboot, das übriggeblieben ist, den breiten Nil bis zu den berühmten Murchison-Fällen hinauf. Wie oft bin ich hier gewesen! Das erste Mal überschritten wir mit unbehaglichen Gefühlen vom damals noch belgischen Kongo aus die Grenze. Als Deutsche bekamen wir in den ersten Jahren nach dem letzten Weltkrieg keine Einreiseerlaubnis in die britische Kolonie Uganda. Wir ließen uns deshalb von den belgischen Zöllnern einen Grenzübergang nennen, wo auf der anderen Seite keine britischen Beamten standen. Mit Kongo-Ausweisen, die man uns vorübergehend überlassen hatte, haben wir damals über vierzehn Tage lang unerlaubt die Uganda-Parks besucht. Zunächst den Murchison-Falls-Nationalpark (3840 km²) mit seinen fünfundsechzig Säugetier- und über vierhundert verschiedenen Vogelarten. Heute heißt er Kabalega und ist immerhin um ein Drittel größer als das Saarland. Anschließend waren wir im Königin-Elisabeth-(heute Ruwenzori-)Nationalpark am Eduard-See. Beide Parks waren erst kurz zuvor, 1952, neu geschaffen worden. Der Kidepo-Nationalpark hoch im Norden Ugandas, an der Grenze zum Sudan, kam zehn Jahre später hinzu. Dort ist übrigens während der Kriegswirren wenig Unheil angerichtet worden, wie mir der Wildwart Bendebule vor kurzem schrieb.

Wir fahren also wieder auf dem Nil, der an dieser Stelle voller Flußpferde ist: Eine Herde folgt der anderen. – Ich entsinne mich: Gerade hier versuchte vor langen Jahren ein verhafteter Wilderer, durch den Nil zu schwimmen und zu entkommen. Er wurde von einem Flußpferd angegriffen, das sein Bein ernstlich verletzte. Es hätte ihn sicher getötet, wenn das Tier nicht rechtzeitig durch den Oberwildwart Bendebule erschossen worden wäre. Auch Krokodile gibt es noch; sie stellen eine besondere Kostbarkeit dieses Parks dar. Nirgends auf der Welt gibt es vergleichbare Krokodil-Ansammlungen. Wie immer halte ich die grüngrauen alten Herren beim Vorbeifahren im Auge – sie tun das gleiche mit mir. Manche von ihnen wurden vermutlich schon geboren, ehe der erste Weiße hier auf dem Nil auftauchte. Wenn ein Krokodil älter als zwanzig Jahre ist, wird es in jedem Jahr nur um 3,6 Zentimeter länger. Später verringert sich das Wachstum noch mehr. Echsen, die über fünfeinhalb Meter messen, sind also vermutlich über hundert Jahre alt. Ein ungewöhnlich großes Krokodil, das im Nil einmal geschossen wurde, war 6,3 Meter lang. Vielleicht haben besonders alte Tiere hier schon den britischen Forschungsreisenden Sir Samuel Baker gesehen, der in den sechziger Jahren des vorigen Jahrhunderts die gewaltigen Fälle entdeckt und sie nach dem Vorsitzenden der britischen Königlichen Geographischen Gesellschaft, Murchison, benannt hat. Die riesigen Kriechtiere werden ihm ebenso gelangweilt zugesehen haben wie uns, als er sich mit seiner jungen, hübschen, ungarischen Frau, die lange viktorianische Röcke trug, hierher paddeln ließ.

Noch 1973 hat man zwischen dem Albert-See und den Kabalega-Wasserfällen 96 Krokodilnester festgestellt, von denen 34 durch Raubtiere zerstört worden waren. Bei 27 Krokodilnestern konnte eine Zerstörung durch Paviane, bei sechs durch Honigdachse und bei einem durch Warane festgestellt werden. Bei sechzehn Nestern konnte das Ausschlüpfen beobachtet werden. Am unteren Tangi wurde ein Krokodilnest mit neunundfünfzig Eiern gefunden.

Einer der Wildhüter hat beobachtet, wie eine Gruppe von fünf trinkenden Löwen vor zuschauenden Menschen erschrak. Im gleichen Augenblick packte ein Krokodil einen jungen Löwen am Bein, zerrte ihn ins Wasser und ertränkte ihn. Sogar eine fünf Meter lange Pythonschlange hat man einmal aus dem Bauch eines Krokodils herausgeholt. Trotzdem sind diese gewaltigen Echsen nur sehr bescheidene Esser. Bei uns im Frankfurter Zoo nimmt ein erwachsenes Krokodil erst im Verlauf von hundertfünfzig Tagen sein eigenes Körpergewicht in Form von Nahrung zu sich. Ein Pelikan dagegen verschlingt allein bei einer Mahlzeit ein Drittel seines Körpergewichtes. Krokodile sind also alles andere als gefräßig. Trotzdem wurden sie häufig von den Fischern getötet, die nachts vom Albert-See den Nil heraufgefahren kamen, denn Krokodilleder ist nun leider einmal begehrt, auch bei uns in Deutschland; und die gestohlenen Häute werden sehr hoch bezahlt. Eine Anzahl von Krokodilen wurde beobachtet, wie sie den Viktoria-Nil am Paraa-Lodge vorbei herunterschwammen. Sie waren hinter einem toten Flußpferd und einem toten Büffel her. Da unterhalb von Paara der Fluß recht unsicher für Krokodile ist (weil dort viele Wilddiebe leben), verjagten wir die Krokodile mit Booten. Die toten Tiere wurden dann aus dem Wasser gezogen und auf das Ufer gelegt, wo sie Hyänen und Aasesser verzehrten.

Im Boligi-Gebiet fand man eine Gruppe von Krokodilen mit Nestern. An einem Elefanten, der weit vom Wildhüterposten tot im Nil lag, zählten wir dreißig Krokodile, die dabei waren, den Elefanten zu verzehren.

238

Um den Tieren am Ufer des Viktoria-Nils auch vom Wasser aus Schutz gewähren zu können, haben wir den Parks schon vor Jahren ein Motorboot geschenkt. Später bin ich selbst mit einem Amphicar – einem Auto, das sich auf dem Land wie auf dem Wasser fortbewegt – zwischen den Flußpferden umhergefahren. Ein Flußpferdbulle hob dieses seltsame Gefährt sogar ein Stück aus dem Wasser. Wir haben hier, an den Kabalega-Fällen, wo der gewaltige Strom sich durch eine nur sechs Meter breite Felsspalte hindurchpreßt, schon einiges erlebt.

Aber immerhin: Unsere schlimmsten Befürchtungen bewahrheiten sich auf dieser Fahrt nicht. Wir zählen auf den insgesamt elf Kilometern in zweieinhalb Stunden 194 Krokodile und 676 Flußpferde. Bevor Amin an die Macht gekommen war, hat man angeblich manchmal siebenhundert Krokodile während einer Fahrt gesehen. Aber auch heute wird jeder Besucher begeistert sein. Außerdem werden die Tiere sich wieder vermehren – wenn wir sie rechtzeitig schützen können. Die Vögel sind noch immer so zahlreich wie früher: Ein Vogelkundler kann während dieser Fahrt sechzig verschiedene Vogelarten und mehr beobachten, vom stattlichen Goliathreiher bis zum schillernden Haubenzwergfischer.

Alfred Labongo, der neue Hauptwildwart des Parks, überragt meine 1,90 Meter noch um eine halbe Haupteslänge. Er läßt die Wildhüter antreten: Sie stehen da in Fetzen, statt in Uniformen, ohne Gewehre. Wie soll man einen Park ohne Kraftfahrzeuge gegen Wilddiebe sichern? Gibt es die seltenen nördlichen Breitlippennashörner überhaupt noch, die einzigen in ganz Ostafrika? Ich vereinbare, daß Dr. Edroma von der Ruwenzori-Forschungsstelle in den nächsten Tagen mit unserem wiederhergestellten Flugzeug den ganzen Park abfliegt. Sollte er die letzten fünf bis sechs Breitlippennashörner noch entdecken, so müssen sie von einer Gruppe Wildhüter zumindest das ganze nächste Jahr wie eine Kuhherde bewacht werden.

Völlig zerschossen ist das neue, häßliche, viereckige Pakuba-Lodge in der Nähe des Albert-Sees. Ich bin nicht traurig darüber. Wenn es wieder aufgebaut wird, dann hoffentlich besser als früher!

In der Abenddämmerung kehren wir nach stundenlanger Fahrt in das Chobe-Lodge zurück. Ein Geländewagen kommt uns entgegen, in dem ein schwerverletzter Wildhüter liegt. Ein Büffel hat ihm den Oberschenkel bis in den Bauch hinein aufgerissen; ein zweiter Hieb ist durch Schulter und Hals bis in den Mund gegangen. Der Mann blutet schrecklich, er kann nicht sprechen. Bis zum nächsten Krankenhaus sind es über hundert Kilometer. Wird er es lebend erreichen? Aber ich muß mir in solch traurigen Fällen immer wieder sagen: In Afrika werden heute zehntausendmal mehr Menschen durch Autos getötet als durch alle Wildtiere zusammen! Fast der gleiche Vorfall hat sich hier übrigens schon vor zehn Jahren ereignet: Der Wildhüter Uma konnte gerade noch entkommen, als er von einem Büffel angegriffen wurde. Während das Tier ihn annahm, drängte sich einer von den Büffeln dazwischen, die ständig in der Nähe des Hauses weiden. Er jagte den Fremdling davon. Auf diese Weise hatte Uma Gelegenheit, in ein Haus zu flüchten. Drei Tage später wurde Umas Retter von Löwen getötet und verzehrt, ganz dicht bei Umas Haus.

Am nächsten Morgen fahre ich mit John Bushara, dem Leiter des Game Department, der Jagdverwaltung, tief in das über 300 km² große Karuma-Jagdgebiet hinein, das an den Kabalega-Nationalpark angrenzt. Es soll von zehn Wildhütern bewacht werden. Die Jäger, die hier schießen durften, bezahlten 120 Mark für einen Elefanten, 80 Mark für einen Büffel, 320 Mark für einen Löwen – lächerliche Summen, wenn man sie mit den Jagdgebühren für Hirsche in Ungarn oder der Tschechoslowakei vergleicht. Diese reichen Ausländer sind kaum wirksam zu überwachen, denn die Wildhüter, die nur 125 Mark im Monat verdienen, können Trinkgeldern nur schwer widerstehen. Tatsächlich sehen wir auch auf zwanzig Kilometer in diesem Jagdgebiet nicht mehr ein einziges Tier. Die Wildhüter, die in der Mitte des Parks wohnen, sichern in der Nacht ihre Türen mit Baumstämmen, denn sie haben kein Gewehr und fürchten, von Wilddieben erschossen zu werden. Die einzigen Plätze, auf denen wir auf diesem Erdball Natur und Wildnis vielleicht noch erhalten können, sind die Nationalparks. Wir müssen für unsere Mitmenschen neue schaffen und die alten mit allen unseren bescheidenen Mitteln verteidigen.

Dabei helfen wir jetzt aus den gesammelten Spendengeldern sehr rasch und so nachdrücklich wie möglich im neuen Uganda.

Was wissen Sie von Streifenmangusten?

Wie wenig haben wir vom Leben der Löwen, Giraffen, Flußpferde, Nashörner gewußt, bevor es zoologische Gärten gab! Und wieviel haben wir in den letzten zwanzig Jahren noch dazugelernt, seit es das Serengetiforschungs-Institut und eine ähnliche Forschungsstelle im Ruwenzori-Nationalpark Ugandas gibt, wo meist zehn bis zwanzig Forscher sich jeweils Monate und Jahre bestimmten Tieren oder Pflanzen widmen. Zum Glück auch kleinen, weniger auffälligen Wesen, die von den eiligen Touristen meist gar nicht beachtet werden. Zum Beispiel die Streifenmangusten. Was wissen Sie über deren Leben? Ich habe schon geschildert, daß die Mistkäfer für die tropischen Steppen wichtiger sind als die Elefanten. Nun – in den letzten Jahren kam heraus, daß von den Mistkäfern diese Streifen- oder Zebramangusten fast völlig abhängen. So eng verzahnt ist die Natur.

1969 ließ Ernest Neal im Ruwenzori-Park am Eduardsee vier Monate lang fünf Leute jeden Termitenhaufen durchsuchen, der Löcher von fünfzehn Zentimeter Durchmesser aufwies und vor dem Reste von Kothaufen mit Überbleibseln von Dungkäfern und solchen der handlangen Tausendfüßler lagen. Denn das sind Unterkünfte von Streifenmangusten-Rudeln. Neun von zehn ihrer Behausungen befanden sich in Termitenbauten, in denen keine Termiten mehr lebten. Neal grub einen solchen Bau aus und entdeckte, daß das ganze zahlreiche Rudel gemeinsam im mittelsten »Zimmer« zu schlafen pflegt. Die Mangusten folgen den Elefanten- und Büffelherden, an deren Dung sie die Käfer und Tausendfüßler sammeln. Niemals leben sie weiter als dreihundert, meist nur fünfundsiebzig Meter vom nächsten Gewässer entfernt.

Mangusten können ausgezeichnet riechen, sehen und hören. Das Auslösen des Kameraverschlusses ließ sie in dreißig Meter Abstand aufhorchen. In ihrem Kot fand sich kein Säugetierhaar, keine Kriechtier-Schuppe, kein Pflanzenrest. Sie sind also keineswegs Schlangentöter, wie man ihnen oft nachgesagt hatte.

Allerdings beobachtete Ernest Neal folgendes: Als an einem späten Nachmittag eine Speikobra in einen Bau mit Jungen kriechen wollte, näherte sich ihr drohend eine ausgewachsene Manguste bis auf sechzig Zentimeter. Die Giftschlange drehte daraufhin um und kroch weg. Wäre sie in den Tunnel hineingekrochen, hätte sie ihren Kopf nicht mehr zum Beißen zurückschnellen können, falls die Streifenmanguste sie von hinten angegriffen hätte.

Sehr viel Neues haben dann Dr. Jon P. Rood und seine Frau herausgefunden, die in den siebziger Jahren zwei Jahre am gleichen Platz zubrachten. Da man den Streifen-

Bildunterschriften zu den Bildseiten 243–250

Seite 243
Neun von zehn Behausungen der Streifenmangusten befinden sich in ehemaligen Termitenbauten.

Seite 244 oben
Die Streifenmangusten leben von den Mistkäfern oder Pillendrehern, die für das Fortbestehen der tropischen Steppen so überraschend wichtig sind.

Seite 244 unten
Wenn eine Streifenmanguste ein größeres hartschaliges Ei nicht aufbeißen kann, richtet sie sich vor einem Stein auf, nimmt das Ei zwischen die Vorderpfoten und schlägt es mit Wucht zwischen den Hinterbeinen hindurch gegen den Stein.

Seite 245
Streifenmangusten halten zusammen wie Pech und Schwefel. Im Kabalega-Nationalpark haben sie – durch ihr Ausharren im Gebüsch und ihr Geschrei – sogar eine Gruppe Löwen von Mitgliedern ihres Rudels vertrieben.

Seite 246/247
Die Serengeti vor einem heraufziehenden Unwetter.

Seite 248
Von 1969 bis 1976 stieg der Preis für Nashorn-Hörner in Kenia von 164 auf 892 Kenia-Schilling. Zwischen 1972 und 1976 wurde jedes Jahr Nashorn-Horn in einer Menge ausgeführt, für die 1197 Tiere sterben mußten. Das meiste davon wurde nach Hongkong geschickt, aber auch im südlichen Arabien stieg die Nachfrage an, besonders im Nordjemen. In Hongkong wurde die Einfuhr im März 1979 zwar völlig verboten, aber man nimmt an, daß der Preis im Nordjemen noch weiter steigen und die Wilddieberei in Afrika immer besser geldlich unterstützt wird.

Seite 249
Junge Nashörner sind zeitweise ausgesprochen verspielt und übermütig.

Seite 250
Tüpfelhyänen gelten allgemein als Aasesser. Sie sind aber – besonders im Rudel – durchaus imstande, selbständig auch große Tiere zu töten. Sie verjagen andere Beutegreifer, wie hier einen Geparden. Oft töten die Hyänen die Beute und werden später durch Löwen von ihr vertrieben. Man glaubt daher zu leicht, die Löwen seien die erfolgreichen Jäger gewesen.